KB188237

크리스천을 위한

책쓰기 미션

박성배 · 서상우 지음

청어

크리스천을 위한 책 쓰기 미션

박성배 · 서상우 지음

발행처 · 도서출판 청어
발행인 · 이영철
영 업 · 이동호
홍 보 · 최윤영
기 획 · 천성래 | 이용희
편 집 · 방세화 | 김명희
디자인 · 김바라 | 서경아
제작부장 · 공병한
인 쇄 · 두리터

등 록 · 1999년 5월 3일
(제321-3210000251001999000063호)

1판 1쇄 인쇄 · 2016년 2월 5일
1판 1쇄 발행 · 2016년 2월 15일

주소 · 서울특별시 서초구 효령로55길 45-8
대표전화 · 02) 586-0477
팩시밀리 · 02) 586-0478

홈페이지 · www.chungeobook.com
E-mail · ppi20@hanmail.net
ISBN · 979-11-5860-388-5(03230)

이 도서의 국립중앙도서관 출판시도서목록(CIP)은 서지정보유통지원시스템 홈페이지
(http://seoji.nl.go.kr)와 국가자료공동목록시스템(http://www.nl.go.kr/kolisnet)에서 이용하
실 수 있습니다.(CIP제어번호: CIP2016000688)

크리스천을 위한 책쓰기 미션

하나님은 광야수업을 통해 나를 책 쓰기로 이끄셨다

나는 인천공항 신도시에서 선교사들을 섬기는 한우리미션벨리(Hanwoori Mission Valley)를 섬기고 있다. 감사하게도 섬김을 시작하고 지난 몇 년간 수많은 선교사, 목회자들이 미션홈(Mission Home)을 다녀갔다. 다양한 분들과 다양한 비전을 공유하며 다양한 주제로 기도를 함께 드렸다. 그리고 그런 선교사분들에게 마지막으로 꼭 권하는 나만의 대사가 있다. 바로 "이제 당신의 책을 쓰십시오!" 라고 하는 말이다.

그렇게 책 쓰기를 권면하면 대부분 선교사들은 이렇게 말한다.

"제가 무슨 책을 쓰나요? 작가도 아닌데요. 더구나 저는 글 쓰는 재주가 없어서요."

맞는 말이다. 선교사는 작가가 아니다. 영적 전쟁터 같은 치열한 선교 현장에서 생존하며 사역하기도 바쁜데 언제 책을 쓰냐고 생각하는 것이 대부분 선교사의 의식인 것 같다. 그들이 책 쓸 시간이 없다고 하는 건 결코 틀린 말은 아니다. 나 역시 책의 소중함을 깨닫기 전까지는 '현장에서 사역 열심히 하면 되었지 언제 글까지 쓰나?' 고 생각하고 있었으니 말이다.

그런 내 생각은 최근 몇 년간의 인생 광야수업을 받게 되면서 인근 도서관에서 많은 책을 보면서 완전히 깨지고 말았다. 도서관에서 많은 책을 보고,

보는 것에 그치지 않고 조금씩 책을 써보면서 책을 써야 하는 당위성에 대해 깨닫게 되었다. 더군다나 목회자와 선교사들은 더욱이 책을 남겨야 함에 대해서 절실히 깨닫게 된 것이다. 그래서 나는 미션홈에 오시는 선교사들에게는 반드시 책을 써보기를 권하고 있다.

내가 20대 후반에 선교사로 섬겼던 오엠선교회(Operation Mobilization)의 설립자인 조지 버워(George Verwer)도 늘 책을 강조했다. 본인이 설교나 강의를 하기 전에는 늘 책을 소개하였다. 물론 본인도 몇 권의 책을 썼다.

이것은 비단 조지 버워뿐이 아니다. 내가 2000년 목회 안식년에 스위스 로잔에서 타문화권제자훈련(CDTS_crosscultral Dicipleship Trainning School)을 하면서 만난 로렌 커닝햄(Loren Cunningham) 역시 책을 강조하는 사람이었다. 로렌 커닝햄 역시 몇 권의 책을 썼고, 국제예수전도단(Youth with a mission)이 세계적인 선교단체로 성장해 나갈 수 있었던 것은 그 책의 힘이 컸다고 생각한다. '그만큼 책의 힘은 크다' 는 말이다.

중동지역에서 전설적인 선교사역을 펼친 사무엘 즈웨머(Samuel Zwemer)도 문서의 중요성에 대해서 크게 강조하며 이런 말을 하기도 했다.

"인쇄물은 결코 주춤거리지 않으며, 결코 비겁하지 않으며, 타협의 유혹을 받지 아니하며, 지치거나 낙담하는 법이 없다. 그런가 하면 우리가 잘 때도 일하고, 냉정을 잃어버릴 염려도 없고, 우리가 죽은 후에도 오래도록 일한다."

그렇다. 우리는 선교사나 목회자로 섬기다가 언젠가는 교회와 이 땅을 떠나게 될 것이다. 그렇다면 우리가 살다가 간 그 발자취로 무엇을 남길 것인가에 대해서 생각해야만 한다. 개척을 해서 대형교회를 이루고 큰 건물을 지은 목사님도 은퇴를 하면 모든 것을 다 내려놓고 가야 한다. 선교지에서 20년 이상을 헌신하며 사역하던 선교사들도 사역을 마치고 떠날 때는 아무것도 가져갈 수 없다.

그렇기에 목회자와 선교사는 반드시 자신의 이름 석 자가 들어간 책을 남겨야 한다. 자신이 무엇을 위해 살았는지, 무엇을 남기려 했는지를 기록해야 한다. 그라시안은 "기록은 기억을 남긴다"고 했다. 책이라는 기록을 남김으로써 자신의 지나온 인생 여정과 사역도 정리가 될뿐더러 그 기록은 후대에 귀한 지침서가 된다. 나를 대신할 훌륭한 사역자가 되는 것이다.

더구나 요즘은 100세 시대라 목회와 선교활동을 65세 내지 70세에 은퇴를 한다 하더라도 아직 팔팔한 청춘이다. 사실 '은퇴 후 남은 35~40년의 인생을 어떻게 살아야 하는가?' 하는 문제는 가장 큰 과제이기도 하다. 목회자와 선교사들은 현역일 때보다 은퇴하고 난 뒤의 삶 또한 큰 본보기가 되고, 거울이 되기 때문이다.

그러한 의미에서 현역 목회 시절과 선교사 시절 때부터 글 쓰는 훈련을 해놓으면 글쓰기야말로 가장 확실한 평생 현역의 길이 된다. 그것은 '책 한 권을 써서 세상에 내놓는 일은 세상에서 가장 부가가치를 뛰어나게 창출해내는 일' 중 하나이기 때문이다.

데이비드 보차드와 페트리샤 도노호는 50세 이후 인생 재창출을 위한 셀프 가이드 『은퇴의 기술』에서 책 쓰기의 중요성을 다음과 같이 강조한다.

> "인생에서 변화를 경험하고 자신을 새롭게 만드는 과정은 책을 읽는 것과 같다. 하지만 인생이라는 책에서 당신은 그저 독자일 수는 없다. 당신은 인생이라는 책을 써나가는 가장 훌륭한 작가이다. 그렇기 때문에 다가올 미래의 페이지를 우연에 맡기며 아무렇게 쓰기보다 잘 쓰는 방법을 배우고 싶을 것이다."

이제 당신의 책을 써라. 책을 쓰는 일은 단순히 글을 써서 책 한 권을 출간하는 것만의 의미를 갖고 있는 것이 아니다. 책을 쓰는 일은 인생을 쓰는 일이다. 하나님의 일을 기록하는 것이다. 『주님은 나의 최고봉』의 저자로 우리에게 잘 알려진 오스왈스 챔버스(Oswald Chambers) 선교사는 43세의 젊은 나이에 하늘나라에 갔지만 그가 기독교 역사에 남긴 아주 소중한 보물이 있다. 바로 『주님은 나의 최고봉』이라는 책이다. 『주님은 나의 최고봉』은 출간 이후 전 세계적으로 사랑을 받으면서 기독교의 고전 중의 고전이 되지 않았던가. 미국 기독교 역사상 60년 최장기 베스트셀러라는 대기록도 세우며 말이다. 얼마 전, 미국 크리스천을 대상으로 한 설문조사에서 향후 100년 뒤에도 책꽂이에 꽂혀 있을 책 3권 중에 첫 번째를 당당히 차지하고 있으니 더 말할 것도 없으리라.

이제는 당신의 기록이 책으로 나와 사람들에게 선한 영향력을 행사해야 한다. 세상은 당신의 스토리를 기다린다. 목회 현장과 선교 현장에서 20년 이상 사역하고 나서 그 나만의 경험을 책으로 남긴다면 그것보다 보람되고 유익한 일은 없다.

이제는 목회자와 선교사 및 크리스천도 반드시 책을 써야 한다. 유명한 사람이 책을 쓰는 것이 아니라, 책을 쓰면 그것이 나만의 독창적인 브랜드를 형성하는 최고의 인생을 만드는 지름길이기 때문이다. 그리고 이 책이 목회자와 선교사 및 크리스천에게 소중한 나침반이 되어 주리라 믿고 있다. 이제 자신의 책을 쓰려는 목회자와 선교사 및 크리스천에게 하나님의 일을 한 발자취를 기록할 수 있는 길잡이가 되어줄 것이라 믿어 의심치 않는다. 자신의 시간을 기록하라. 당신의 인생은 책을 쓰는 순간부터 더욱 빛날 것이니 말이다.

박성배

차례

Why? 크리스천은 왜 책을 써야 하는가?

제2장

What? 크리스천은 어떤 책을 써야 하는가?

제3장

How? 실전 책 쓰기 10단계

Why? 크리스천은 왜 책을 써야 하는가?

| 박성배 |

책 쓰기는 내 삶을 180도 바꾸는 자기 혁신이다. 그동안 나는 목회자로서 교회 안에서 목회를 하면서 설교를 하고 유명 목사님이나 선교사님들이 지은 책을 보는 독자의 입장에만 있었다. 그러나 고난의 과정을 통해서 집중 독서를 하게 되었고, 글을 쓰기 시작하면서 한 걸음씩 독자에서 저자로 거듭나게 되었고, 책을 쓰는 작가로서의 희열을 느껴가고 있다.

내 삶을 바꾼 책 쓰기

나는 2011년부터 책을 쓰기 시작하였다. 2010년에 지인의 소개로 SNS을 시작하였다. 그리고 힘들 때마다 내게 힘을 주었던 좋은 구절들을 조금씩 SNS에 올렸다. 그러다가 어느 날 출판사 대표로부터 한 통의 전화가 왔다.

"박성배 님이세요? 어떻게 그렇게 좋은 글을 올리세요? 한번 SNS 친구 몇 사람을 모아서 책을 출간하려 하는데 함께 하셨으면 좋겠습니다."

그 출판사 대표님의 전화 한 통이 나를 작가의 길로 인도한 셈이다. 그 출판사 대표님의 전화가 있은 얼마 후, 함께 책을 출간할 SNS 친구들이 같이 모였다. 어떻게 구체적으로 책을 출간할 것인가를 의논하기 위해서였다. 그리고 원고를 모아 2011년 가을에 드디어 내 첫 책이 출간되었다. 비록 나 혼자 쓴 단행본은 아니었지만 나는 세상에 내 글이 인쇄되어 나왔다는 것에 이루 말로 다 표현할 수 없을 만큼 기뻤다. 그래서 함께 책을 쓴 저자들과 함께 호텔에서 출판기념회도 성대하게 열었다.

첫 공저인 『한 걸음 더』의 출판기념회 후, 책은 전국 서점에 배포되었다. 나는 30년간 단골로 다니고 있는 한 대형 서점에 가보았다. 내 책이 신간 에세이 코너에 진열되어 있는 것이 아닌가? 얼마나 기쁘던지.

첫 공저를 출간한 계기로 다음 해인 2012년에 한 권의 공저를 더 출간했다. 첫 책 『한 걸음 더』에서는 희망 에세이를 주제로 썼다면, 두 번째 책은 그동안 내가 힘든 시기를 지나면서 위로가 힘이 되었던 인물들 13명의 이야기를 썼다. 두 번째 책인 『나는 매일 희망을 보며 행복하다』도 출간 후에 서울 교대 부근의 공동저자 한 분이 운영하는 카페에서 출판기념회를 열었다. 저자들이 글을 쓰면서 느꼈던 느낌들을 이야기하고, 사인을 해주는 시간을 가지면서 '책을 출간한다는 것이 이런 맛이구나!' 하는 느낌을 가지게 되었다.

그렇게 두 번의 출판사 기획의 공저 과정을 참여하고 책을 출간해 보면서 이번에는 내가 한 번 책을 기획해서 출간해 봐야겠다는 생각을 가지게 되었다. 그래서 나의 오랜 소원이었던 선교 이야기를 책으로 내고자 기획을 하고 공동저자로 참여할 동료 선교사들에게 연락을 하였다. 그렇게 함께 선교 이야기를 쓸 저자들이 모여지고 나의 세 번째 책인 『아름다운 발걸음』이 출간되었다.

출간된 『아름다운 발걸음』은 자비 출판이 아닌 내 생애 최초의 책이었다. 『한 걸음 더』와 『나는 매일 희망을 보며 행복하다』는 초보 저자들을 위한 자비 출판 과정이었지만, 그런 과정을 통해서 책 쓰기의 맛을 조금씩 느끼고 배우기 시작하였다. 『아름다운 발걸음』에 출간되고 출판 기념회를 반포에 있는 신반포교회에서 할 때는 많은 지인과 신문, 방송 등 매스컴에서도 취재를 왔었다. 그리고 출판기념회 소식이 국민일보 등에 소개되기도 하였다. 『아름다운 발걸음』은 3쇄를 찍을 만큼 판매 부수에서도 좋은 모습을 보였다.

이렇게 세 번의 공저 출간을 통해서 경험을 축적한 나는 드디어 내 생 애의 첫 단행본을 쓰는데 도전하였다. 글쓰기를 전공해본 경험이 없는 나로서는 한 권의 책을 마무리한다는 것이 무척 어려웠지만 가까이 알 고 지내고 있는 지인인 서상우 작가의 도움을 받아 천신만고 끝에 첫 단 행본 원고를 완성할 수 있었다. 글쓰기의 마무리 단계에서 2% 부족한 점을 한국자기계발작가협회의 협회장인 서상우 작가의 도움으로 결국 원고를 완성할 수 있었다.

3주간은 완성된 초고를 집중해서 다듬었다. 다듬고 또 다듬었다. 여 러 번 고치고 수정하고 다듬으면서 완성된 원고를 출판사에 이메일로 투고를 하였다. 그리고 한 시간 후에 한 출판사의 대표님으로부터 전화 가 왔다.

"원고가 너무 좋습니다. 보통 원고가 아닙니다. 출간계획서를 메일로 보냈으니 사인해서 보내십시오."

그렇게 대표님의 출간 허락을 받았다. 그리고 며칠 후, 나는 출판사를 직접 방문하여 출간계획서에 사인을 하였다. 그렇게 해서 내 생애의 첫 단행본인 『일어나다』가 2015년 10월 1일 출간되었다.

책 쓰기는 내 삶을 180도 바꾸는 자기 혁신이다. 그동안 나는 목회자로서 교회 안에서 목회를 하면서 설교를 하고 유명 목사님이나 선교사님들이 지은 책을 보는 독자의 입장에만 있었다. 그러나 고난의 과정을 통해서 집중 독서를 하게 되었고, 글을 쓰기 시작하면서 한 걸음씩 독자에서 저자로 거듭나게 되었고, 책을 쓰는 작가로서의 희열을 느껴가고 있다. 책을 써가면서 독자에서 저자로 거듭나는 보람을 경험해 가고 있다. 그야말로 책 쓰기는 자신의 인생을 180도 바꾸는 자기 혁신이다.

나를 작가로 이끈 사람들

나는 세 사람을 통해서 구체적으로 작가가 되었다. 그 첫 번째 인물은 바로 도스토예프스키(Fyodor Mikhailovich Dostoevskii, 1821~1881)이다. 나는 도스토예프스키를 통해 통찰력 있는 크리스천 작가의 정신을 배웠다. 그리고 두 번째 인물은 오스왈드 샌더스(Oswald Sanders)인데 나는 그를 통해 목회자이면서 선교사인 크리스천 작가의 길을 배우게 되었다. 그리고 마지막 인물은 『신약성경』의 13권을 기록한 사도 바울(St Paul)이다. 나는 사도 바울을 통해 진정한 믿음의 작가의 길이 어떠해야 하는지를 배우게 되었다. 작가로 글을 써가면서 글을 쓰는 일이야말로 인생을 써나가는 최고의 일이라는 희열을 발견하게 되었다.

도스토예프스키에게서 통찰력 있는 크리스천 작가의 정신을 배웠다.
도스토예프스키는 세계에서 가장 위대한 작가로 꼽히고 있는 대문호 중의 하나이다. 그의 작품은 인간이 가지고 있는 궁극적인 문제를 주로 다루면서 인간 심리의 내면을 비상할 정도로 극한까지 파헤쳐 들어가 예리하게 묘사함으로써 현대인의 사상과 문학에 깊은 영향을 미쳤다. 도스토예프스키가 대문호로 탄생하게 된 데는 28세 때 겪은 참담한 사건이 있었다. 1847년 그는 유토피아 사회주의자 단체인 '페트라세프스키회'에 참여하여 정치적인 토론을 벌이고 있었다. 그러나 꿈을 펼쳐보이기도 전에 그 단체는 당국에 의해 발각되었고 도스토예프스키는 동료 33인과 함께 체포되어 농민반란을 선동했다는 혐의로 사형선고를 받았다.

1849년 12월, 그는 상트페테르부르크 광장의 사형 집행에 서게 되었다. 그의 얼굴은 두건에 가려져 있었고, 병사들의 소총이 그의 가슴을 겨누고 있었다. 그는 여섯 번째 사형수였고 이미 세 사람은 사형대의 기둥에 묶여 있었다. 눈앞이 캄캄하고 온몸이 공포로 조여 들어오는 소름 끼치는 그 순간 도스토예프스키는 하늘을 우러르며 맹세했다.

"만약 내가 여기서 살아 나간다면 남은 인생의 1분 1초도 허비하지 않겠다."

이제 땅 위에서 살아있을 시간을 계산해보니 꼭 5분이 남아 있었다. 그는 마지막 5분을 지나온 인생을 돌아보며 다짐을 하고 있었다. 아는 사람들에게 최후의 인사를 하는데 2분, 오늘까지 살아온 생활과 생각을 정리하는데 2분, 그리고 발을 붙이고 살던 땅과 자연을 돌아보는데 나머지 1분을 쓰기로 했다.

그 순간 기적이 일어났다. 마차 한 대가 광장을 가로질러 오더니 관리가 뛰어내리며 소리쳤다.

"사형을 중지하라. 황제의 명이다. 사형을 중지하라."

기적처럼 죽음을 목전에 두고 있다가 총살형을 면하고 다시 살아난 그는 그 뒤 4년 동안 시베리아에서 유형생활을 해야 했다. 유형생활은 살을 에는 혹한 속에서 무려 5kg에 달하는 쇠사슬을 다리에 매달고 다니는 혹독한 고문과도 같은 것이었지만, 그는 다시 태어난 삶을 값지게 준비하는 시간으로 삼았다.

시베리아에서의 혹독한 시간 속에서 그에게 허락된 것이 하나 있었는데 그것은 『신약성서』한 권이었다. 그에게 허락된 한 권의 『신약성서』는 그의 영혼을 새롭게 하였고, 감옥은 굴욕당하고 상처 입은 사람들을 더 깊이 연구하는 데 필요한 자료를 풍부하게 제공해주는 더할 나위없는 스승이요, 도서관이 되어 주었다.

글쓰기가 허락되지 않았기 때문에 머릿속으로 소설을 써서 그것을 모조리 외워 두었다. 그는 시베리아 옴스끄감옥에서 4년을, 그리고 출옥 후 5년간 중앙아시아에서 사병으로 근무하고 1859년말 10년 만에 수도 페테르부르크로의 귀환이 허락되어 자유의 몸이 되었다.

자유의 몸이 된 그때부터 도스토예프스키는 죽는 날까지 미친듯한 열정으로 글을 쓰기 시작했다. 유형생활 10년 만에 돌아온 그는 혁명가가 아닌, 깊은 신앙심으로 러시아와 서구를 물질문명으로부터 구원해야 한다는 신념으로 글을 쓰게 되었다. 그는 도시의 뒷골목과 지하실의 사람들, 가난한 학생, 하급 관리들, 학대받고 고통받는 사람들, 그들의 고

뇌를 치밀하게 묘사하면서 세계 문학사상 가장 위대한 작품으로 꼽히는 『죄와 벌』과 『카라마조프의 형제들』 등과 같은 대작을 잇달아 내놓았다.

대문호 도스토예프스키를 만든 것은 다름 아닌 젊은 날 사형 집행장에서의 결단의 5분이었다. 최악의 순간이 그를 최고의 순간으로 만들어 준 것이었다. 그는 지금까지도 러시아 뿐 아니라 세계 문학사에 꺼지지 않는 불꽃으로 활활 타오르고 있다. 내가 도스토예프스키를 통해서 배우는 점은, 젊은 날의 아픔과 고난을 평생 위대한 작가가 되는데 보약으로 삼았다는 사실이다. 나 역시 지난 7년간의 고난의 기간을 미래의 글을 써가는 작가로서 보약의 시간으로 삼았다.

도스토예프스키는 시베리아 유형을 가기 전에도 글을 쓰는 작가였다. 그러나 도스토예프스키는 고난의 세월을 겪으면서 달라졌다. 시베리아 유형의 4년과 중앙아시아에서의 5년간 사병근무를 혹독하게 겪으면서 인간 내면의 죄와 악을 깊이 통찰할 수 있는 작가로 거듭났다. 도스토예프스키가 시베리아 유형을 마치고 발표한 소설 『죄와 벌』은 그야말로 인간의 내면을 깊이 통찰하고 해부한 글이라는 평가를 받는다. 도스토예프스키에게서 성경에 바탕을 두고 인간의 내면을 예리하게 묘사해 내는 작가 정신을 배운다.

나는 오스왈드 샌더스를 통해서 목회자이면서 선교사인 크리스천 작가의 길을 배우게 되었다.

오스왈드 샌더스는 목회자이면서 선교사이다. 나는 1986년 신학대학원에 입학할 무렵 두 권의 책을 접하게 되었는데 그중 한 권은 『영적 지도력』이고, 다른 한 권은 『하나님의 학교를 졸업한 사람들』이라는 책이었다. 이 두 권은 모두 오스왈드 샌더스가 쓴 책이다.

두 권의 책은 1986년부터 오늘까지 나의 목회자로서의 여정을 함께 해온 책들이다. 『영적 지도력』을 통해서 영적 지도자의 시간관리, 영적 관리, 기도 등 기본적인 원리들을 배웠다. O.M.F 선교사이기도 했던 오스왈드 샌더스의 『영적 지도력』은 내가 오엠 선교사로 영국과 헝가리에서 사역할 때 지침서와 같은 역할을 해주었다.

그리고 무엇보다도 오스왈드 샌더스의 책을 읽으면서 나는 다짐을 하게 되었다. '나도 언젠가는 기회가 되면 오스왈드 샌더스의 『영적 지도력』과 같은 책을 써야지' 라고 하는 생각을 하게 되었다.

『하나님의 학교를 졸업한 사람들』이라는 책은 최근 7년간 인생의 광야수업을 받으면서 다시 읽고 또 읽었던 책이다. 아브라함, 이삭, 야곱, 요셉, 다윗, 사도 바울, 베드로 등 믿음의 인물들의 생애를 작가의 깊은 통찰력으로 기록한 책이다. 특히 내가 광야를 겪으면서 믿음의 인물들이 광야를 겪으면서 다시 다듬어져서 쓰임 받는 데 크게 공감하며 힘을 얻었던 책이기도 하다.

오스왈드 샌더스의 책 『하나님의 학교를 졸업한 사람들』을 30여 년이 넘도록 읽고 또 읽으면서 나는 크리스천 작가의 힘을 배웠다. 그리고 책 한 권이 주는 힘도 배울 수 있었다. 오스왈드샌더스의 책들이 많이 있겠지만 그중에서도 나는 『영적 지도력』과 『하나님의 학교를 졸업한 사람들』 이 두 권을 통해서 목회자이면서 선교사인 작가의 힘을 배울 수 있었다.

앞으로 계속 글을 써가면서 오스왈드 샌더스 같은 작가가 되고 싶다. 그는 나의 롤모델이기도 한 것이다.

『신약성경』의 13권을 기록한 사도 바울을 통해 진정한 믿음의 작가의 길이 어떠해야 하는지를 배우게 되었다.

사도 바울은 기독교 2000년 역사에 가장 위대한 인물이다. 그는 위대한 목회자요, 선교사요, 기도의 사람이요, 설교자이다. 그러나 나는 바울의 위대함을 『신약성경』을 기록한 성경의 기록자로서의 바울의 위대함을 말하고 싶다. 바울이 로마 감옥에서 기록한 옥중서신은 수많은 사람을 영적으로 깨우친 위대한 말씀이다. 그러한 의미에서 나는 바울의 위대성을 작가로서의 바울을 높이 평가하고 싶다.

옥살이를 통해서 바울은 펜을 들어 그 유명한 옥중서신을 쓸 수 있었다. 이 옥중서신에는 에베소서, 빌립보서, 그리고 골로새서가 포함된다. 마귀는 자신이 바울의 입을 다물게 했다고 생각했다. 그러나 마귀는 도리어 바울이 시대를 건너뛰어 봉사할 수 있는 상황을 만들어 내고 말았다. 옥중서신을 읽고 그리스도를 믿게 된 사람들이 얼마나 많은지 계산할 수 있는 사람이 있을까? 옥살이라는 단절된 상황, 옥살이라는 재앙이 없었다면, 우리는 성경에서 가장 위대한 책 몇 권을 읽어보지 못했을 것이다.

나는 1982년 예수 그리스도를 인격적으로 만나기 전까지 실존주의 철학에 빠져 있던 구도자였다. 니체, 사르트르, 하이데거의 책들 속에서 인생의 궁극적 답을 찾으려고 하였다. 불교에서 답을 찾으려고 해인사에 가서 지낸 적도 있었다. 그러던 내가 1982년 요한복음 4장으로 예수님을 만나고, 바울이 쓴 옥중서신을 통해서 예수 그리스도가 누구인지를 분명히 알게 되었다.

더구나 최근 7년의 광야수업을 받으면서 바울의 로마서, 에베소서, 빌립보서, 골로새서 등의 서신들을 깊이 묵상하며 읽게 되었다. 역시 바울이다. 바울의 위대함은 글을 남긴 데 있다. 어느 누구도 사도 바울만큼의 영감 있는 글을 쓸 수는 없겠지만, 나는 앞으로도 계속해서 사도 바울처럼 예수 그리스도를 잘 해석해서 알게 하는 믿음의 글들을 계속해서 남기는 작가의 길을 걸어가고 싶다.

최고의 예술 활동, 책 쓰기

보즈웰은 "훌륭한 작가는 한 권의 책을 쓰기 위해 도서관을 절반 이상 뒤진다"는 말을 했다. 맞는 말이다. 나는 지난 7년간 인근 도서관에서 도서관 책 2만5천여 권의 절반 이상을 보고 나서야 이러한 책 쓰기에 대한 전문 서적을 쓰게 되었다. 또, 책 쓰기에 대한 책을 쓰기 위해 도서관 3층 서가에서 글쓰기에 대한 책 30권 정도를 보았다. 그리고 강남의 대형서점에 가서 책 쓰기에 관한 책 코너에 가서 40여 권 정도의 책을 보았다. 또한, 내가 서재에 가지고 있는 책 중에서 책 쓰기 관련 책 30권 정도는 다시 정독을 하였다. 그러니까 책 한 권을 쓰기 위해 최소한 100여 권 정도의 관련 서적은 본 셈이다. 그러니 책 쓰기는 나를 완성하는 최고의 예술 활동이라는 말은 설득력이 있는 말이다.

나는 최근 출간한 『일어나다』를 쓰면서 책 쓰기야말로 나를 완성하는 최고의 예술 활동이라고 하는 점을 확실히 경험했다. 나는 7년간 고난을 겪은 내용을 '어떻게 한 권의 책으로 묶어 낼까?' 하는 고민을 많이 했다. 그동안 나의 삶을 깊이 돌아보기도 했고, 산책과 기도를 하면서 계속해서 구상을 했다. 그러면서 내가 지난 7년간 고난을 겪었는데 그 고난 속에서 나를 다시 일어나게 한 요인은 무엇이었을까를 계속해서 곰곰이 생각해보았다. 그리고 결국 나를 일으킨 4가지를 정리할 수 있었다.

내가 힘들 때 도서관에서 만여 권의 책을 보았고, 책 속에서 나보다 더 큰 고난을 딛고 일어난 사람들을 만나면서 나도 일어날 힘을 얻었고, 파산을 경험하면서도 다시 꿈을 가졌다. 그리고 내가 믿는 믿음을 새롭게 하면서 나는 다시 일어날 수 있었다. 그래서 나는 책 제목을 『일어나다』로 잡고 내가 다시 일어나게 된 요인을 4가지 핵심 주제로 잡아 글을 쓰기 시작하였다. 그동안 노트에 정리해 놓았던 모든 내용에 살을 붙여 가면서 한 장 한 장 글을 완성해 나갔다. 그리고 드디어 한 출판사로부터 출간 허락을 받을 수 있었고, 첫 개인 저서인 『일어나다』를 출간하게 된 것이었다.

『일어나다』를 다 쓰고 내가 배운 점은 내가 겪는 인생의 고난에 대해서 책으로 총결산을 할 수 있었다는 점이다. 그리고 내가 일어날 수 있었던 요인인 책, 사람, 꿈, 믿음의 4가지 요인을 가지고 다른 사람들을 도울 수 있는 구체적인 능력이 생겼다는 점이다. 『일어나다』를 쓰고서 난 후에 인생의 고난 문제 있어서 나름대로 정리할 수 있었고, 다른 사람들에게 "일어나라!"고 자신 있게 말할 수 있게 되었다. 그러한 면에서 책 쓰기는 나를 완성하는 최고의 예술 활동인 것이다.

　나는 지금 이 순간 이 글을 쓰면서도 책 쓰기를 통해서 나는 최고의 예술 활동을 하고 있다는 자부심과 희열을 느낀다. 왜냐하면 그동안 몇 권의 책을 쓰고 출간하면서 책이 주는 힘과 영향력을 느꼈기 때문이다. 그리고 무엇보다도 책을 써서 세상에 출간하면서 책이야말로 내가 할 수 있는 최고의 가치를 세상에 내놓는 것이라는 확신이 들었기 때문이다.
　컴퓨터에 한 자 한 자를 써나갈 때는 희열과 감사를 느낀다. '이런 게 진짜 행복이구나!' 하는 생각을 하면서 글을 쓴다. 가수가 다른 가수의 노래를 따라 부르다가 자신의 노래를 부르게 되는 때가 있는 것처럼 나는 요즘 글이 써진다는 느낌이 든다. 그동안 다른 유명한 작가들의 글을 많이 보고 인용하는 글을 많이 썼다. 그런데 『일어나다』를 집중해서 쓰고 탈고하면서 확실히 얻은 소득은 이제 내 글이 써진다는 희열이었다. 지난 수년 동안 도서관에서 책을 읽고, 3권의 공동출판을 통해서 책 쓰기의 준비를 해온 것이 이제 내 글이 써지는 단계로까지 발전된 것 같아서 기뻤다.
　가수는 자기 노래를 해야 하고, 운동선수는 자기의 경기를 해야 하고, 연주자는 자기의 연주를 해야 하듯이 작가는 자신의 글을 써야 한다. 작가는 글로서 자신을 나타내는 것이다. 작가의 글쓰기는 인간이 할 수 있는 최고의 예술 활동이다.

책 쓰기는 나를 완성하는 최고의 예술 활동이다. 사실 나는 그동안 스펙을 쌓기 위해서 많은 공부를 하였다. 대학에서는 공학을 공부했고, 대학원에서는 비싼 등록금을 주고 역사를 공부했다. 그리고 몇 년간의 공부 끝에 박사학위를 받았다. 소위 박사학위를 받으면 공부가 다 끝난 줄 알았다. 그런데 최근 건물을 짓고 빚을 지면서 겪은 경제적인 고난을 통해서 나는 도서관서 집중 독서를 하게 되었다. 그리고 몇 년간의 집중 독서의 힘이 내공으로 쌓여서 지금은 내 글을 써내는 작가가 되었다. 2015년 가을, 나는 4권의 책을 마무리해나가고 있는데, 그야말로 이것이 인간이 할 수 있는 최고의 예술 활동이고 창작 활동이 아닌가 싶다.

극동방송에서 방송했던 통일 관련 인터뷰를 모아서 책으로 묶으면서 통일의 관점을 정리하고 있다. 〈통일을 앞당겨 주소서〉는 통일이 다가오는 우리나라 통일에 대한 분명한 비전과 콘텐츠를 제공하는 예술 작품이 될 것이다. 이미 언급했듯이 7년간의 광야수업을 정리한 『일어나다』는 고난을 겪고 있는 많은 사람을 일으키는 책이 될 것이다. 또, 출간을 목표로 마무리 하고 있는 『한국인의 시대가 온다』는 분단 시대를 살아온 한국 민족에게 통일 한국 시대와 세계선교의 사명을 어떻게 감당해야 할지에 대한 비전을 주는 책이 될 것이다. 『한국인의 시대가 온다』를 통해 한국인들이 세계 속에 우뚝 서 세계를 이끌어가는 비전을 그리며 글을 써나가고 있다.

그리고 지금 읽고 있는 이 책 『크리스천을 위한 책 쓰기 미션』 책을 통해 빛나는 인생 2막을 열어주는 역할을 하게 될 것이다. 많은 크리스천을 작가로 양성할 꿈을 그려보니 벌써부터 가슴이 설렌다. 이렇듯 책 쓰기는 자기를 완성하는 최고의 예술 활동이다.

이 글을 읽는 크리스천들도 내 인생과 목회, 선교를 중심으로 글을 써 보면 그것이 최고의 작품이 될 것이다. 글은 언제나 내 안에 있다. 내가 경험하고 체험한 사실이 최고의 글 재료이다. 차분히 내 지나온 인생 여 정을 돌아보면 그 안에 모든 글을 쓸 만한 재료가 있다. 그리고 내가 체 험하고 경험한 이야기야말로 설득력이 있고 힘이 있다. 동일한 체험을 하게 될 많은 후배를 위해서도 글을 남기는 것은 중요하다. 글을 쓰면서 내가 정돈되고, 글을 쓰면서 나의 브랜드가 완성되어 가는 것이다. 그러 한 의미에서 책을 쓰는 일은 최고의 예술 활동인 것이다.

은퇴 없는 영원한 현역 인생

평범한 교사로 있다가 은퇴한 이디스 헤밀턴(Edith Hamilton)은 63세가 된 1930년 어느 날, 『고대 그리스인의 생각과 힘』이란 작품을 발표한다. 그때부터 그녀의 인생의 화려한 2막이 시작되었다. 그녀는 이렇게 고백하였다.

"우리의 과거는 그저 서막에 불과할 뿐이다."

평범한 사람에게 환갑이라는 나이는 인생의 뒤안길에 서서 여생을 정리할 시기이다. 60세를 넘긴 나이에 자신이 살아온 과거는 그저 인생의 서막에 불과할 뿐이라고 외칠 수 있었던 용기는 정말 대단하다. 정년퇴임으로 교장직에서 물러난 직후부터 쓰기 시작했던 한 권의 책이 그녀의 인생을 바꿔 놓을 줄은 아마 그녀 자신도 몰랐을 것이다.

99세에 첫 시집을 낸 일본의 시바타 도요 할머니 시인이 있다. 시바타 도요 할머니는 아들의 권유로 틈틈이 써 놓았던 시를 모아 시집을 내게 되었다. 자신의 장례식 비용을 시집을 출간하는 일에 사용한 것이다. 2010년 3월, 99세 도요 할머니는 생애 첫 시집 『약해지지 마』를 출간했다. 이 시집은 지금까지 150만 부가 넘게 팔렸다고 한다. 도요 할머니의 시는 위로를 담고 있어서 위로가 필요한 사람들에게 큰 사랑을 받고 있다고 한다.

약해지지 마

있잖아, 불행하다고 한숨짓지 마
햇살과 산들바람은 한쪽 편만 들지 않아
꿈은 평등하게 꿀 수 있는 거야
나도 괴로운 일 많았지만 살아있어 좋았어
너도 약해지지 마

세계 역사상 최대 업적의 35%는 60~70대에 성취되었다고 한다. 23%는 70~80세 노인에 의하여, 그리고 6%는 80대에 의하여 성취되었다고 한다. 결국 역사적 업적의 64%가 60세 이상의 사람들에 의하여 성취되었다는 것이다.

소포클레스가 『클로노스의 에디푸스』를 쓴 것은 80세 때였고, 괴테가 『파우스트』를 완성한 것은 80세가 넘어서였다. 다니엘 드 포우는 59세에 『로빈슨 크루소』를 썼고, 칸트는 57세에 『순수이성비판』을 발표하였다. 미켈란젤로는 로마의 '성 베드로 대성전의 돔'을 70세에 완성했다. 베르디, 하이든, 헨델 등도 고희의 나이를 넘어 불후의 명곡을 작곡하였다.

지금 혹여 나이를 핑계로 생의 새로운 도전을 주저하지는 않는가? 100세 시대이니까 우리나라도 이제부터 은퇴 이후의 인생 2막을 준비해야 한다. 65세, 혹은 70세에 은퇴한다 하더라도 30년 정도는 살아가야 하기 때문이다. 그러면 멋진 인생 2막을 위한 준비는 무엇일까? 그것은 역시 자신이 잘하는 일을 찾아 그 일을 발전시켜 가면서 남은 생애를 살아가는 것이 최고의 인생 2막의 생애가 아닐까 싶다.

경영학의 아버지라 불린 피터 드러커(Peter Ferdinand Drucker)는 이런 말을 하였다.

"내 인생의 전성기는 60세부터 95세까지였다."

실제로 피터 드러커는 매년 새로운 주제를 정해서 연구하면서 새로운 책을 출간했다고 한다. 그래서 60세부터 95세까지 인생의 후반전을 멋진 2막의 인생으로 만들었다. 피터 드러커의 명작들은 인생의 후반전인 60세 이후에 지어진 책들이었다. 지금 나이 55세에서 60세이면 벌써 은퇴해서 무엇을 해야 할지 몰라서 인생을 무료하게 지내야 하는 사람들은 깊이 새겨 봐야 할 이야기이다.

나 역시 인생 2막의 멋진 인생을 꿈꾼다. 70세까지가 공식 은퇴 시기이니까 앞으로 날들이 많이 남아 있는 것처럼 보이지만, 나는 2011년 첫 책을 내면서부터 남은 생애의 후반전은 작가로도 살아가야겠다고 다짐을 하였다. 책을 쓰는 것은 인생 최고의 자기 브랜딩이기 때문이다. 그리고 책을 써서 사회에 내놓는 것은 사회에 콘텐츠를 제공하며 기여하는 일이기도 하기에 일석이조로 좋은 일이라고 생각한다.

내 인생의 2막을 어떻게 보낼까? 한번 깊이 생각해보고 나만이 잘하는 것을 찾아서 조금씩 실천해 보는 것은 어떨까? 내가 가장 좋아하는 일을 위해서 내 시간과 삶을 들이면서 사는 것이 인생 2막을 여는 최고의 비결이 아닐까 싶다. 우리의 지난 과거는 서막에 불과하다. 우리의 인생은 소중하다. 100세 시대에 우리의 삶은 은퇴 후에도 계속되어야 한다. 우리의 인생은 후반전이 더 빛나는 인생이 되어야 하기 때문이다. 이디스 헤밀턴처럼, 시바타 도요처럼, 피터 드러커처럼, 우리도 글쓰기 재능을 발견하고 개발하여 멋진 인생의 2막을 펼쳐 가보자. 결심하고 시작하는 여러분에게 멋진 인생 2막이 다가오게 될 것이다.

성경과 책의 힘을 믿어라

작가 한명석은 『나는 쓰는 대로 이루어진다』에서 글쓰기는 문장력의 문제라기보다 심리적인 문제라고 했다. 그리고 자기를 믿는 사람이 글도 잘 쓴다고도 했다.

글쓰기는 자기를 믿고 쓰는 것이다. 내 안에 축적된 이야기를 나의 언어로 풀어내는 것이다. 그러므로 글을 쓰는 작가에게 가장 중요한 것은 자기 자신을 믿고 글을 쓰는 것이다. "나 같은 사람이 무슨 글을 써!"라든가, "나 같은 사람이 쓴 글을 누가 읽어 주기나 할까?"라는 불신의 말과 생각은 버려야 한다. 나는 독창적인 하나이다. 내가 세상에 할 수 있는 이야기도 가장 독창적인 이야기이다. 세상은 지금 나의 이야기를 기다리고 있다.

성경과 책의 힘을 믿으라는 주제로 지금의 글을 쓰는 나 자신도 오랜 시간 동안 나 자신을 믿지 못했다. 그래서 나 자신의 이야기를 쓰지 못하고 유명한 사람들의 이야기를 많이 인용하고, 내가 쓴 글에 대해서 확신이 부족했다. 그러던 가운데 내게 확신을 준 계기가 된 것이 최근 출간한 『일어나다』를 마무리하면서였다.

원고를 마무리하면서 3주 정도를 책에 집중했다. 거의 사람들을 만나지 않으면서 말이다. 의도적으로 연락이 오면 원고를 마무리하는 중이라 양해해달라고 했다. 그리고 집중해서 내 이야기를 쓰기 시작했다. 기존에 써놓았던 원고를 거의 다 수정했다. 나를 믿고 나의 이야기로 수정했다. 3주간을 집중한 가운데 드디어 글이 완성되고 수정을 거쳐 출판사에 보냈다.

출판사에 원고를 보낸 지 1시간 만에 출판사 대표님에게서 전화가 왔다. 책 내용이 너무 좋다고 출간 계약서를 보냈으니 사인해서 보내달라고 하셨다. 나를 믿고 집중해서 글을 완성한 결과였다. 그렇게 나는 글을 쓰기 시작한 지 5년 만에 비로소 내 이름 석 자가 들어간 첫 단행본을 출간할 수 있게 되었다.

첫 단행본을 그렇게 출간하면서 내가 확실히 배운 점은 '글은 나 자신을 믿고 쓰는 것'이라는 확신이다. 글은 세상에 단 하나뿐인 나의 이야기를 쓰는 것이다. 나의 이야기가 책이 될 수 있다는 믿음을 가져야 한다.

성경의 저자들도 믿음과 확신을 가지고 성경을 기록하였다. 우리가 지금 인생의 나침반으로 삼고 있는 성경은 수많은 저자에 의해서 기록되었다. 구약의 시작인 오경을 기록한 모세를 시작으로 여호수아, 다윗, 이사야, 예레미야, 말라기까지 구약의 저자들은 모두 성경에 대한 확신을 가지고 글을 썼을 것이다. 『신약성경』의 경우도 그렇다. 예수 그리스도의 행적을 기록한 저자들과 13권의 서신을 남긴 사도 바울도 모두 하나님이 주시는 영감과 믿음을 가지고 성경을 기록하였다.

성경의 저자들뿐만 아니라 교회 역사 속에 빛나는 작가들과 일반 책의 저자들도 동일하다. 종교개혁자 칼빈도 믿음으로 『기독교 강요』를 썼고, 루터 역시 믿음을 가지고 발트부르크 성에 갇혀 있으면서도 성경을 독일어로 번역하였다. 성경과 책의 힘을 믿었기 때문이다.

요한 웨슬레는 어떠한가? 그는 바쁜 목회 여정 속에도 일기를 남겼다. 웨슬레도 자신의 일기가 후대에 믿음을 주는 책이 되리라는 믿음을 가지고 글을 썼을 것이다. 실제로 나는 요한 웨슬레의 책, 『웨슬레의 일기』를 통해서 많은 영감과 은혜를 받았다. 그러한 믿음을 가지고 존 번연은 12년이나 감옥에 있으면서도 『천로역정』을 마무리해내고 말았다.

성경과 책은 힘이 있다. 인쇄된 문서의 힘은 실로 놀랍다. 로렌 커닝햄은 『세상에서 가장 놀라운 책』에서 '성경은 세계 여러 곳에서 나라를 새롭게 하는 역할을 했다'고 말한다. 빅토리아 여왕이 성경을 공부하고 자신부터 새로워지고 성경대로 통치했을 때 영국은 그 후 300년간 해가 지지 않는 최고의 나라가 되었다. 해가 지지 않는 나라 대영제국을 만든 힘은 빅토리라 여왕의 성경 사랑의 힘에서 나왔다. 미국도 성경에 기초해서 나라를 시작했을 당시는 최강의 나라가 되었다.

성경의 힘뿐만 아니라 교회 역사에 책을 남긴 많은 사람이 다 책의 힘을 믿었기에 좋은 글들을 남길 수 있었다. 책은 힘이 있고 영향력이 있다. 그러므로 우리도 성경과 책의 힘을 믿고 책을 써나가는 작가가 되어야 한다. 이것이 우리 인생이 할 수 있는 최고의 행위이다.

그렇다. 성경은 힘이 있다. 책도 힘이 있다. 인쇄된 책은 많은 사람에게 감동을 준다. 우리가 지금까지 살아오면서 성경의 힘과 책의 힘을 믿고 여기까지 올 수 있었다면, 우리도 믿음을 가지고 좋은 글을 남겨야 하지 않을까?

그라시안(Gracian)은 '기록은 기억을 남긴다'고 했다. 성경도 예수님의 행적을 기록한 저자들의 기록에 의해서 오늘 우리가 성경을 보고 있지 않은가? 기독교 2000년의 수많은 저자의 책들도 결국 믿음을 가지고 기록한 저자들에 의해서 오늘 우리가 읽고 감동을 받는 것이다. '적자생존'이라는 말을 잘 알 것이다. 본 의미는 있겠지만 나는 이 말을 '적는 사람이 생존한다'라는 뜻으로 쓴다. 이 글을 읽는 목회자, 선교사 여러분들, 지금부터 책 쓰기를 시작하라. 믿음으로 쓴 글이 믿음의 역사를 이루어 갈 것이다.

목회자와 선교사는
책을 남겨야 한다

"인쇄물은 결코 주춤거리지 않으며, 결코 비겁하지 않으며, 타협의 유혹을 받지 아니하며, 지치거나 낙담하는 법이 없다. 그런가 하면 우리가 잘 때도 일하고, 냉정을 잃어버릴 염려도 없고, 우리가 죽은 후에도 오래도록 일한다."

중동지역에서 사역하던 전설적인 선교사 사무엘 즈웨머의 문서선교의 중요성에 대한 말이다. 나는 사무엘 즈웨머의 이 말을 오엠 선교사로 사역하던 시절 오엠 설립자인 조지 버워로부터 들었다. 실제로 조지 버워는 16세에 미세스 클렙이 보낸 요한복음 쪽 복음을 통해서 거듭난 후에 멕시코 전도를 시작으로 스페인과 인도 등 전 세계로 사역을 확대해 가면서 오엠 사역을 세계적인 사역으로 키워 나갔다.

조지 버워는 말씀을 전할 때마다 책을 소개하는 것으로 유명하다. 그가 쓴 책 『하나님을 향한 갈망』을 비롯한 여러 권의 책은 많은 목회자와 선교사들에게 널리 읽히는 책이 되었다. 사무엘 즈웨머의 말 가운데 가슴에 와 닿는 말은 마지막 구절이다.

"우리가 죽은 후에도 오래도록 일한다."

우리 인간의 삶은 유한하다. 그러나 우리가 책을 써서 남기고 간다면 그 책은 우리가 죽은 후에도 영원토록 남아서 우리가 죽은 후에도 오래도록 일할 것이다. 책을 남기는 것이 그만큼 중요하다는 말이다.

나는 책과 관련해서 참 아쉬운 기억을 가지고 있다. 내가 재수를 하고 어려움 끝에 대학을 입학하고 나니 할아버지께서 나를 영의정을 지낸 박신(朴信)의 묘지 앞으로 데리고 가셨다. 박신(朴信)은 고려 말 정몽주의 문하생으로 나의 직계 24대 할아버지로 조선 초에 영의정을 한 인물이었다. 할아버지는 대학을 입학한 손자를 영의정 박신 앞으로 데려가 집안의 내력과 역사를 설명해 주시면서 내가 박신과 같은 훌륭한 인물이 되어서 집안을 크게 일으켜줄 것을 기대하셨다. 나는 할아버지의 설명을 듣고 크게 자부심을 갖게 되었다. 나도 박신과 같은 훌륭한 인물이 되어서 집안과 가문을 크게 일으켜야겠다고 다짐을 하게 되었다. 그리고는 박신이 어떤 인물이었는지가 궁금해서 학교 도서관과 국회 도서관에 가서 박신에 대한 자료를 찾아보았다. 그런데 박신은 남긴 자료가 별로 없었다.

젊은 시절 강릉에 관찰사로 가서 여류시인 홍장을 사랑하게 되었는데, 그때 남긴 시 한 편이 『동인시화』에 나오는 것이 전부였다. 나는 박신에 대해서 알고 싶은 점들이 많았는데 남겨 놓은 책이 없는 점이 너무 아쉬웠다. 후대를 위해서 책 한 권 남겨 놓았다면 얼마나 좋았을까? 그래서 나는 최근에 한 권의 책을 기획하여 쓰고 있다. 바로 『후대를 위한 박신의 일생』이다. 역으로 이 책을 쓰면서 조상들의 살아왔던 삶을 되돌아보면서 나를 다시 돌아보려고 하는 것이다. 그리고 내가 좋은 책을 써서 후대에 남기고자 다짐을 하는 구체적인 계기가 되기도 하였다. 이렇듯 책을 남긴다는 것은 참으로 중요하다. 책은 우리가 죽고 나서도 오래도록 일하기 때문이다.

조선 후기에 실학을 집대성한 다산 정약용의 경우는 어떤가? 나는 다산의 위대함은 520권의 책을 남긴데 있다고 본다. 물론 개인적으로는 강진에 유배되어 18년간 아픈 세월을 보냈지만, 그래도 그가 독서의 힘으로 자신의 내공을 쌓고 그 힘으로 520여 권의 책을 남겨서 결국은 그것이 실학을 집대성한 계기가 된 것은 참으로 우리 역사를 위해 다행한 일이라고 여겨진다. 다산 정약용의 위대함은 바로 후대를 위해 책을 남긴 것에서부터 시작된 것이다.

이순신의 경우도 7년의 피비린내 나는 임진왜란의 과정을 겪으면서도 그는 『난중일기』를 기록하여 책을 남겼다. 이순신의 위대함도 전쟁에서 승리한 업적도 위대하지만, 더 위대한 점은 『난중일기』를 남겨서 후대에 교훈을 남긴 데 있다. 이순신이 『난중일기』를 남길 동안 류성룡은 『징비록』을 남겼다. 그는 7년 임진왜란의 교훈을 후대에 남기기 위하여 피로써 『징비록』을 남겼다.

　『신약성경』을 13권이나 기록한 사도 바울은 유럽 지역을 복음을 전했다. 그가 예수님을 만난 이후에 그 감격을 가지고 평생을 예수를 전하면서 가는 곳마다 교회를 세웠다. 그래서 역사가 토인비는 말하기를 "바울이 타고 간 배가 유럽 문명을 싣고 갔다"고 까지 하였다. 그러나 생각해보자. 만일 바울이 기록을 남기지 않았다면 우리가 예수 그리스도에 대해 그토록 자세히 알 수 있었을까? 아닐 것이다. 하나님은 특별히 가말리엘 문하에서 최고의 지적 훈련을 받은 바울을 통해서 『신약성경』을 기록하게 하심으로 많은 사람에게 예수 그리스도가 누구인지를 정확히 알게 하셨다. 그러한 의미에서 바울의 위대함도 신약성경 13권을 남긴 데 있다.

　바울의 『신약성경』은 예수님이 누군지 이해하는데 최고의 주석서이다. 나 역시 철학과 불교에 빠져 있을 때 바울의 옥중서신(에베소서, 빌립보서, 골로새서)을 통해서 예수님께 돌아오게 되었고, 예수 그리스도를 깊이 이해하게 되었다.

　크리스천이 책을 남기는 것은 어찌 보면 의무라고 볼 수도 있다. 한 교회에서 20년, 30년 목회를 한 목사님은 목회에 관한 책을 남겨서 후대에 교훈을 남겨야 하고, 불신자에서 평신도가 되었다면 그 간증을 책으로 기록해야 한다. 선교사님들도 20년 이상 선교지에서 사역을 하고 은퇴를 하면 반드시 기록을 남겨야 한다.

앞으로 이 책을 가지고 선교지로 나가는 선교사 훈련 장소에 가서 책 쓰기의 중요성을 더 강조하고 싶다. 우리가 오늘 이만큼 신실하게 신앙생활을 할 수 있는 것은 성경을 남겨준 성경의 저자들과 믿음의 글들을 남겨준 신실한 작가들 덕분임을 알려주고 싶은 것이다. 우리도 책을 남겨야 한다. 책은 우리가 죽고 나서도 남아서 오래도록 일할 것이기 때문이다.

책 쓰기는 명작 인생으로
거듭나게 한다

피겨의 여왕 김연아가 직접 쓴 『김연아의 7분 드라마』에 이런 대목이 나온다.

"순간의 화려한 비상을 위해 차디찬 얼음 바닥을 수만 번 뒹굴어야 했던 그 고통 속에서 나를 일으켜 세운 건 무엇인가? 어제의 실패도 오늘의 성공도 순간일 뿐, 영원한 것은 어디에도 없다. 모두가 세계 최고라 말해도, 나는 또다시 새로운 내일을 꿈꾸며 가슴 벅찬 오늘을 산다. 나의 꿈도, 나의 삶도, 그렇게 하루하루 새롭게 완성되어 갈 것이다."

피겨 여왕 김연아 선수가 수많은 엉덩방아를 찧으며 다시 일어나 비상했듯이, 책을 쓰는 작가도 수없는 연습을 통해서 글이 다듬어지고 좋은 글을 써가면서 명작 인생으로 거듭나게 되는 것이다. 책을 쓰면서 명작 인생으로 거듭나게 되는 것이다.

가수가 자신만의 노래를 부르기 위해서는 수없이 많은 연습을 통해서 자신의 목소리를 내야 한다. 박세리 선수는 공동묘지에 가서 담력 기르는 훈련을 하였다고 하지 않는가? 나는 목회자를 대상으로 글쓰기에 대해 강의를 하면서 공표를 하였다. "여러분에게 강의했던 내용을 다듬어서 책 쓰기에 대한 책을 출간하게 될 것이다!"고 말이다.

그런데 그 말대로 나는 베스트셀러 작가이자 한국자기계발작가협회의 협회장인 서상우 작가와 함께 이 책을 쓰고 있다. 책을 쓰면서 정말 많은 것을 배우고 있다. 그리고 글쓰기의 희열을 느끼고 있다.

추성훈 작가가 "100권을 읽기보다 한 권을 쓰라!"고 했는데 맞는 말이다. 한 권의 책을 쓰면서 나는 글쓰기 전문 강사로 지금 준비되고 있기 때문이다. 그러한 의미에서 책 쓰기는 꿈 쓰기이고, 희망 쓰기이고, 미래를 쓰는 일이다.

'책을 쓰면서 명작 인생으로 거듭난다!' 는 말은 정말 맞는 말이다. 몇 년간 도서관에서 만여 권의 책을 보면서 책을 쓰면서 명작 인생으로 거듭난 사람을 많이 보았다. 『나는 희망이다』의 저자 제프 핸더슨은 책을 내면서 세상에 그의 이야기가 알려졌다. 마약범에서 19년 6개월의 형을 언도 받고 감옥에서 생활하면서 그는 주방에 배정을 받는다. 그때 요리에 눈을 뜬다. 요리를 배우면서 모범수로 10년 만에 세상에 다시 나온 그는 밑바닥에서부터 요리 경력을 쌓아간다. 결국 그는 미국 최고의 쉐프가 된다. 그리고 중요한 것은 그의 이야기를 책으로 출간하면서 세상 사람들에게 희망을 주는 명작 인생으로 각인되었다는 사실이다.

마가렛 미첼의 경우도 그렇다. 그녀는 잘나가는 기자였다. 그러나 사고로 다리를 다치면서 그녀는 집에 누워 있어야만 했다. 그때 남편이 도서관에서 책을 빌려다 주었다고 한다. 3년을 책을 보다가 보니 도서관의 웬만한 책을 다 보았다고 한다. 그때 남편이 미첼에게 제안을 했다고 한다. "이제 당신이 글을 써보는 게 어떠냐?"고. 그래서 용기를 가지고 쓴 책이 우리가 아는 『바람과 함께 사라지다』이다. 마가렛 미첼 역시 책을 쓰면서 명작 인생으로 거듭난 것이다.

존 번연은 베드포드 감옥에서 12년간 있으면서 『천로역정』을 써서 명작 인생으로 거듭났다. 세르반테스는 53세에 감옥에 갇히게 되었다. 그때 그가 곰팡이 나는 감옥에서 쓴 글이 『돈키호테』이다. 세르반테스 역시 감옥에서 『돈키호테』를 쓰면서 명작 인생으로 거듭난 것이다.

나는 2011년 첫 공동출간 책을 출간하면서 내 책이 진열된 광화문의 대형서점에 갔었다. 그때의 그 흥분과 희열은 정말 말로 표현할 수 없을 정도였다. '내 책이 이제 대형서점에 이렇게 진열이 되었구나' 라는 생각이 정말 감개가 무량하였다. 그리고 나오면서 보니 베스트셀러 코너에 눈에 뜨이는 책이 있었다. 『나는 브랜드다』라는 책이었다. 그때 나는 그 책의 116페이지에서 강한 도전을 받았다. "개인 브랜드 종결법, 너의 책을 가져라!"

나는 이후 『나는 브랜드다』의 조연심 작가를 SNS를 통해 직접 만나 대화를 나누고 그때부터 책을 쓰기 시작하였다. 그 후 2권의 공저를 더 출간했고, 드디어 2015년에는 첫 개인 저서인 『일어나다』를 출간하게 된 것이다. 그리고 지금은 크리스천을 대상으로 한 이러한 책 쓰기 관련 책을 쓰고 있다.

나에게 책 쓰기의 도전을 준 조연심 작가 역시 그 후에 몇 권의 책을 더 출간하고 지금은 개인 브랜드 분야에서 대한민국 최고의 강사로 활약하고 있다. 조연심 작가 역시 책 쓰기를 통해서 명작 인생을 준비한 것이다.

책 쓰기는 이처럼 책을 쓰는 과정 속에서 명작 인생으로 거듭나게 준비시켜준다. 이 글을 읽는 독자 여러분도 책을 쓰기 시작하면 분명 그렇게 거듭나게 될 것이다. 세상의 모든 원리가 다 그렇지만 책을 쓰는 일역시 끊임없이 책을 쓰면서 스스로 명작 인생으로 다듬어져 가기 때문이다. 나도 지금 3권의 공저와 개인 저서를 쓰고 지금 책 쓰기 관련 책을 쓰면서 계속 성장해 가고 있다.

그동안 많은 독서를 하면서 내공을 쌓아온 것이 이제 내 스타일의 글쓰기로 성장해가고 있어서 감사하고 기쁘다. 책을 쓰면서 명작 인생으로 거듭 태어난다. 이 책을 쓰면서 나는 글쓰기 강사로 거듭 태어나고 있고, 앞으로도 계속 책을 쓰면서 세상에 내가 줄 수 있는 최고의 콘텐츠를 제공할 것이다. 책 쓰기야말로 우리 인생을 최고의 명작으로 다듬어가는 최고의 퍼스널 브랜딩이다.

책 쓰기로 기르는
깊은 통찰력

프랜시스 베이컨은 말한다.

"어떤 책은 맛만 볼 것이고, 어떤 책은 통째로 삼켜 버릴 것이며, 또 어떤 책은 씹어서 소화시켜야 할 것이다."

베이컨의 말대로 어떤 책은 씹어서 소화하듯이 책을 쓰다 보면 삶의 깊은 통찰력의 힘이 길러진다. 다산 정약용의 직계손인 정구영이 쓴 『다산의 한평생』에 보면 다산은 정조와 함께 조정에 있을 때보다 강진에 유배가 있던 18년 동안 깊은 독서와 글쓰기를 통한 통찰력을 갖게 된 것을 알 수 있다. 다산은 자신의 인생에 닥친 고난의 문제를 하나하나 해결해 가면서 책을 썼던 것으로 알 수 있다. 즉, 책을 쓰면서 삶의 깊은 통찰력의 힘이 길러졌다는 점이다.

EBS 다큐멘터리로 방영되어 최고의 교수 가운데 한 명으로 선정된 샹커 교수는 이렇게 말한다.

"나는 무엇인가를 제대로 알고 싶을 때 책을 쓴다. 책을 쓰다 보면 내가 무엇을 알고 무엇을 모르는지가 명확히 드러난다. 집필 과정에서 나 또한 배워가는 것이다. 책을 쓰고 나면 학생들에게 내가 새롭게 이해한 부분에 대해 설명해 주고 싶어 몸이 근질거린다."

샹커 교수는 자신이 가장 뿌듯한 만족감을 느끼는 순간이 바로 '잘 설명하는 방법'에 대해 알았을 때라고 한다. 캘리포니아 대학교 물리학 대학원에서 박사학위를 딴 직후, 20대의 샹커 교수는 처음으로 책을 썼다. 무언가 잘 몰라 혼란스러워 제대로 알고 싶을 때 책을 쓴다는 샹커 교수의 첫 번째 책 『양자 역학의 원리』는 큰 판형의 670페이지나 된다. 두꺼운 책 두께가 말해주듯, 20대의 젊은이였던 샹커 교수는 당시 많이 혼란스러웠다고 한다. 이후 샹커 교수의 책들은 점점 얇아졌다. 그리고 교수로서의 사명감은 점점 높아졌다. 요즘 새로운 책을 또 구상 중이라고 하였다. 샹커 교수에게 책 쓰기는 스스로를 정돈하고 준비하는 최고의 과정이 되어주고 있는 것이다.

경영학의 아버지라 불리는 피터 드러커의 경우도 60세에 은퇴한 후에 매년 주제를 정해서 글을 쓰고 책을 출간하면서 깊은 통찰력을 갖게 되었음을 알 수 있다. 이렇듯 책 쓰기는 우리의 사고를 깊게 만들어 준다. 책을 쓰면서 깊게 사고하게 되고 사고력이 길러진다. 꾸준히 글을 쓰면서 사유의 용량이 커지고 사유도 깊어진다. 또 글을 쓰면서 생각이 정리가 되기도 하고, 어떤 통찰력을 가져다주거나 창의적인 아이디어가 떠오르기도 한다.

명로진이 지은 『베껴 쓰기로 연습하는 글쓰기 책』에 보면 "글을 베껴 쓰는 것만으로도 깊이 있는 작가 수업이 된다"고 말하고 있다. 그것은 눈으로 읽을 때보다 더 집중해서 생각하기 때문이다. 눈으로 읽을 때보다 소리 내어 읽는 것이 더 사고를 하게 된다. 물론 베껴 쓰기를 하면서는 그 글 한 자 한 자에 집중하기에 거기서 통찰력이 생긴다고 볼 수 있다. 성경도 눈으로 읽을 때보다 손으로 한 자 한 자 필사 할 때 더 깊이 우리의 마음에 새겨지는 것은 사실이다. 그러니까 책 쓰기는 필연적으로 사고를 통해서 통찰력을 깊게 하게 되는 것이다.

바울은 감옥에서 서신을 쓰면서 깊은 영감과 통찰력을 갖게 되었을 것이다. 도스토예프스키는 시베리아 유배 이후에 책을 쓰면서 인간의 내면에 대한 깊은 통찰과 사유를 하게 되었을 것이다. 존 번연은 베드포드 가옥에서 『천로역정』을 쓰면서 깊은 통찰력을 키우게 되었을 것이다.

결국 통찰력의 힘은 책을 쓰면서 길러진다. 그 이유는 인간은 쓰는 행위를 통해서 사고가 깊어지는 존재이기 때문이다. 책 쓰기는 통찰력 있는 사람을 만드는 지름길인 것이다.

제2장

What? 크리스천은 어떤 책을 써야 하는가?

| 박성배 |

글을 쓴다는 것은 누구에게나 바람일 수도 있고, 자신을 드러내고자 하는 본능의 발로이기도 하다. 그러나 막상 나의 글을 책으로 만들어 세상에 드러낸다는 것은 출발 선상에서부터 상당한 용기와 결단이 필요하다. 왜냐하면 세상으로부터 평가를 받기 때문이다. 그러나 그것이 두려워 주저한다면 내가 구축해 놓은 세계를 타인을 향해 드러내는 것은 불가능해진다.

담임목사는 책을 쓰면서
은퇴 이후를 준비한다

담임목사는 한 교회를 책임지고 이끌어가면서 그 교회 공동체 안에 있는 성도들의 영혼을 돌보는 목자이다. 그런 담임목사의 가장 중요한 일은 설교를 통해서 영혼에게 영의 양식을 공급하는 일이라고 할 수 있겠다. 또 성도들의 가정을 심방하거나 상담 등을 통해서 성도들의 신앙을 성장하게 하며 돌보는 목자이다. 그런 담임목사도 나이 70 정도가 되면 은퇴를 하게 되는 것이 대체적으로 교단의 헌법이기도 하다.

그러나 문제는 담임목사로 목회를 하다가 70세에 은퇴를 하고 나면 몸은 너무 건강하고 남은 생애는 아직 긴데 할 일이 특별히 없다는 점이다. 100세 시대라고 말하는 요즘 시대에 100세 시대에 맞는 인생 계획을 생각해야 하는 것은 목회자도 예외는 아니다. 오히려 목회자들이 세상 사람들보다 평균 수평이 더 길기 때문에 목회를 하면서부터 책 쓰기를 시작해서 은퇴 이후에도 보람되게 살 수 있도록 준비를 해야 한다. 현역 목회 시절뿐만 아니라, 은퇴 이후의 시간을 최고의 시간으로 보내는 비결은 바로 작가가 되는 책 쓰기이기 때문이다.

나의 지난 신앙생활과 목회 여정을 생각해 보더라도 좋은 책을 남겨 준 목회자들의 책들이 나를 끊임없이 이끌어 주었다. 목회자들이 남긴 좋은 책들 덕분에 오늘의 내가 있을 수 있었던 것이다. 그 책들은 나의 내면을 살찌우게 하였고, 목회를 어떻게 하고 목회자로서 어떻게 살아야 하는가에 대한 길을 제시해 주었다.

1982년, 군 생활을 하던 나는 조치원의 군인교회에서 예수님을 내 인생의 주님으로 만나게 되었는데, 그 후에 나는 공학도 출신임에도 군인교회에서 군종을 하면서 성경을 여러 번 통독하면서 군인교회 책장에는 있는 많은 책을 읽었다.

내 나이 22살에 요한복음 4장을 통해서 예수님을 구주로 만나고 나는 정말 성경을 많이 읽었다. 군 생활을 하면서 아마도 10번 정도는 성경을 읽은 것 같은데 성경을 읽으면서 그동안 대학 때 몰입했던 실존주의 철학과 불교에서 답을 구하려고 했던 나의 정신적 방황은 성경에서 끝이 났다.

그리고 군인교회 군종을 하면서 군인교회에 있는 1,000여 권의 신앙 서적을 스펀지가 물을 빨아들이듯이 읽으면서 나의 신앙은 무럭무럭 자라게 되었다. 그때 읽은 책 중에 지금도 기억이 나는 것은 석호인의 『신앙의 인물들』, 믿음의 사람들의 간증을 모은 책인 『나의 믿음, 나의 신앙』, 그리고 마틴 루터의 저서들, 이광호 목사의 책 『12제자의 행적』

등이 있는데 아마 군인교회 책장에서 읽을 수 있는 책은 거의 다 본 것 같다.

그 후에 전역을 하고 신학을 공부하고, 목회자로서의 길을 걸어가면서 자연스럽게 나의 한 세대 앞선 목회자들의 책을 많이 보게 되었다. 나는 이동원 목사의 책, 옥한흠 목사의 책, 하용조 목사의 책, 홍정길 목사의 책, 강준민 목사의 책, 조용기 목사의 책, 김남준 목사의 책, 유기성 목사의 책, 이찬수 목사의 책, 김양재 목사의 책, 최일도 목사의 책, 김진홍 목사의 책, 빌 하이벨스 목사의 책, 워렌 워어스비 목사의 책, 찰스 스텐리 목사의 책, 릭 워렌 목사의 책, 앤드류 메레이 목사의 책 등, 책을 펴낸 목회자들의 책들은 거의 다 보게 된 것 같다.

그만큼 책을 쓴다고 하는 것에 대한 중요함을 이 글을 쓰면서도 다시금 느낀다. 그 목회자들이 목회를 하면서 깨달은 중요한 진리들을 책으로 남겼기에 나를 비롯한 수많은 목회자가 그 책을 통해서 배움을 갖게 된 것이 아닌가 싶다.

책을 쓴 담임 목회자의 경우 몇 가지 유형이 있다.

첫째는, 자신이 목회를 하면서 느끼고 체험하는 문제의식들을 책을 쓰면서 해답을 찾아가는 과정으로 책을 쓴 목회자들이다. 김남준, 강준민, 하용조, 이동원, 옥한흠, 김진홍 등의 목회자들이 그런 유형이 아닌가 싶다. 그들은 목회를 하면서 생각했던 문제들을 책으로 출간하면서 많은 공감과 영향력을 끼친 목회자들이다. 이중표 목사는 『별세목회』라는 책을 쓰고 매년 전국의 목회자와 사모를 대상으로 『별세목회』 특별 세미나를 개최하였다. 옥한흠 목사는 『평신도를 깨운다』라는 책을 쓰고 계속해서 목회자들이 평신도를 제자화 할 수 있도록 그 책을 가지고 세미나를 인도하였다. 김진홍 목사는 빈민 목회를 하면서 특별히 깨달은 점들을 두레 출판을 통해서 꾸준히 출간하고 있다.

두 번째는, 목회자이면서 전문 영역에서 책을 쓴 사람들이다. 정태기 박사는 상담 쪽에 많은 전문 서적을 남겼고, 정태기 박사가 인도하는 치유상담 책은 아파하는 수많은 목회자를 치유하는 역할을 하였다. 송길원 목사는 꾸준히 책과 세미나를 통해서 가정의 중요성을 일깨워 주었다. 이상관 목사는 『생명의 성령의 법』과 『예수님이 전한 천국복음』이라는 책으로 수많은 목회자와 선교사들이 복음으로 살 수 있도록 일깨워 주고 있다. 특히 이상관 목사의 『생명의 성령의 법』 세미나는 목회자들이 복음의 본질로 돌아오게 하는 유익한 세미나이다.

세 번째는, 목회를 하면서 강단에서 외쳤던 생명의 말씀인 설교를 설교집으로 출간한 분들이다. 대표적인 분으로 곽선희 목사를 꼽을 수 있겠다. 곽선희 목사는 강단에서 선포되었던 설교를 시리즈로 출간하여 많은 목회자에게 유익을 주었다. 이중표 목사 역시 강단에서 선포한 설교를 시리즈로 출간하여 수많은 한국교회 목회자들에게 영향을 끼쳤다. 내가 대학생 시절부터 출석하던 모 교회인 서울 영락교회 한경직 목사와 박조준 목사 역시 설교집을 시리즈로 출간하였다.

네 번째는, 목회를 은퇴하면서 후배 목회자와 교회를 위해서 책을 남기신 분들이다. 김경원 목사는 『목회자가 꼭 알아야 할 9가지』를 썼다. 서울 서현교회를 30년 이상 목회하고 은퇴하면서 쓴 책, 『목회자가 꼭 알아야 할 9가지』는 정말 후배 목회자들이 꼭 읽어 봐야 할 책이다. 정체성, 갈등, 위기, 탈진, 자기관리, 직분자 세우기, 헬퍼 찾기, 양심 목회, 후임자 승계 등 중요한 이슈들을 알기 쉽게 기록한 좋은 책이다.

2002년에 발간된 대한예수교장로회 통합 은퇴 목회자들의 글을 모은 『영혼의 글』을 선물 받은 적이 있는데 은퇴 목사 66인의 신앙 간증과 목회체험이 담겨있는 귀한 책이었다. 많은 분의 글을 모아 놓아 분량은 적었지만, 은퇴 목회자들의 목회 체험과 신앙과 삶을 한 권의 책으로 출간한 것만 가지고도 의미가 깊다고 할 수 있다.

다섯 번째, 목회자는 신앙의 유산을 계승해갈 수 있는 책을 쓰는 일이다. 서울 극동방송 모 프로그램에 출연한 적도 있는 임병진 목사의 경우는 목회를 하면서 책을 쓰는 작가이다. 그의 천국의 섬 증도 영성순례 가이드로 『문준경에게 인생의 길을 묻다』를 내용으로 인터뷰하는 내용을 듣고 참 감동을 받았다. 그리고 또 생각하게 된다. 영성이 있는 목회자인 임병진 목사처럼 신앙의 유산을 책으로 출간하는 것이 중요함을 말이다. 임병진 목사와 박진탁 PD의 인터뷰 내용을 들어보니 책 출간 이후에 증도에 순례객들이 많이 늘었다고 한다. 그리고 앞으로 문준경 전도사를 만나러 증도에 가는 순례일정을 시작한다고 한다. 책 출간은 그만큼 소중하다.

담임 목회자는 반드시 책을 남기라 조언하고 싶다. 잘했든, 못했든 그것은 나중에 주님이 판단하실 문제고, 목회자는 자신이 독특한 성품과 삶으로 자신이 일구어온 목회현장과 인생의 이야기를 책으로 남겼으면 한다. 이제는 100세 시대이기 때문에 목회자들이 70세에 은퇴를 한다고 해도 아직 청춘인 그런 시대이다. 이 책의 목적도 그러한 목회자들이 책을 출간하면서 책을 가지고 은퇴 이후 인생 2막을 빛나게 살 수 있도록 돕는 데 있다. 우리는 계속해서 좋은 책을 남겨준 담임 목회자에게 목회를 배워갈 것이기 때문이다.

부목사는 책을 쓰면서
미래 목회의 비전을 쓴다

부목사는 담임목사를 도와 목회에 협력하는 사람이다. 그리고 무엇보다 중요한 점은 장차 한 교회를 목양할 준비를 하는 기간에 있는 소중한 목회자라는 점이다. 그런데 한국교회는 부목사 시절에 자신의 미래 담임 목회의 때를 알차게 준비하기보다는 지나치게 많은 심방과 과로로 지치는 경우가 많은 것 같다. 기껏 미래를 준비한다고 하는 것이 비싼 등록금을 주고 박사과정을 공부하는 것이 전부라고 하면 뭔가 부족하다는 느낌이 든다. 이 글을 쓰고 있는 나 자신도 부목사 시절에 박사학위를 받았지만, 좀 더 독서를 튼실하게 하고 미래를 준비하는 책을 썼으면 좋았겠다는 생각하기도 했다.

몇 년 전, 서점에서 옥한흠 목사가 목회하던 사랑의 교회에서 부교역자로 있던 권호 목사가 쓴 『비상, 영성과 전문성으로 날아오르라』는 책을 감명 깊게 읽은 적이 있다. 특별히 감동이 되고 부러웠던 점은 옥한흠 목사의 부교역자에 대한 배려였다. 책을 쓸 수 있게 해준 담임 목회자의 배려 속에서 자신의 담임목회를 알차게 준비하는 책을 쓴 권호 목사가 부럽기도 하였다.

나는 부목사 때 연세대 대학원에서 한국교회 역사를 전공하였다. 그리고 힘들게 석사 논문을 썼던 기억이 난다. 석사, 박사 과정이 중요하지 않다는 것이 아니라, 공부도 필요하지만 부교역자 시절에 더 필요한 것은 착실한 독서와 책 쓰기가 아닌가 싶다. 앞서 간 담임 목회자들이 쓴 책을 통해서 자신의 미래의 담임 목회를 더 튼실하게 준비할 수 있기 때문이다.

부목사는 이런 책을 써야 한다.

첫째로, 부목사는 자신의 미래의 담임 목회의 준비로서의 책을 쓰는 기간이었으면 좋겠다. 『종이 위의 기적, 쓰면 이루어진다』의 저자 헨리에트 앤클라우저의 말처럼 자신의 담임목회의 비전과 꿈을 책에다 명확히 써보면 좋을 것 같다. 헨리에트 앤클라우저는 "당신이 펜을 드는 순간, 거짓말처럼 모든 것이 이루어진다"고 말한다. 부목사 시절에 써야 할 첫 번째 책은 바로 자신의 목회 비전을 담은 비전 북을 쓰는 일이다.

둘째로, 부목사가 써야 할 책은 독서에 관한 책을 쓰는 것도 좋을 것 같다. 깊이 있는 사고와 튼실한 목회를 위해서 나만의 성경 읽기 노트와 인문학 등 중요한 책을 읽으면서 체험한 독서 기록을 책으로 써보는 것도 좋을 것 같다.

셋째로, 부목사가 써야 할 책은 나 자신이 어떤 달란트를 가진 목회자인지를 알게 하는 책들을 읽고 나 스스로를 정리해 보는 책을 쓰는 것도 좋다. 부목사 시절은 장차 내가 어떤 유형의 목회를 할 것인가를 결정하며 준비하는 기간이기 때문이다. 나는 부목사 시절에 교회에서 주는 도서비는 가급적 책을 사서 보는데 열심을 냈다. 다양한 책들을 읽으면서 나는 어떤 목회자가 되며, 어떤 목회를 할까를 생각하며 준비하게 되었다. 피터 드러커처럼 주제를 정하여 연구하고 그 탐구의 과정을 책으로 쓴다면 더 좋겠다는 생각을 한다.

2006년 미국을 방문하여 콜로라도 스프링스를 방문한 적이 있었다. 그곳에서 네비게이토를 시작한 도슨 트로트맨의 명언을 접하게 되었다.

"하나님은 준비되지 않은 사람을 쓰신 적이 없고, 준비된 사람을 쓰시지 않은 적이 없다."

잘 준비된다는 것은 힘들지만, 그래도 인간이 할 수 있는 최선을 다해 준비하면 하나님은 귀하게 쓰시리라 믿는다. 나의 경우 부목사 시절부터 꾸준히 책을 봤던 습관 덕에 많은 책을 본 것이 쌓여 때가 되니 여러 권의 책을 쓰게 되었고, 극동방송에서도 책과 관련된 프로그램을 맡을 수 있게 인도해 주시지 않았나 싶다.

부목사는 이런 책을 써야 한다. 정리를 해보면, 부목사는 장차 자신의 미래 목회를 위해서 튼실하게 책을 보고 미래 자신의 목회 비전에 관한 책을 써야 할 기간이다. 그렇게 할 때 앞으로 잘 준비된 목회자들에 의해 한국 교회의 앞날에 희망이 있으리라 믿는다. 미래는 준비하는 자의 것이다. 그 준비 중의 최고의 준비는 자신의 이름으로 된 책을 쓰는 일일 것이다.

사모는 책을 쓰면서
깊은 힐링을 체험한다

2015년 11월 어느 날, 서울 극동방송을 듣고 있다 보니 『엄마, 아빠! 저 좀 잘 키워주세요』를 쓴 정삼숙 사모와 최혜심 아나운서의 인터뷰 이야기가 흘러나온다. 방송 내용을 들어보니 정삼숙 사모는 교회를 건축하면서 어려운 가운데 자녀들을 어떻게 키워야 할지를 자신의 목회 현장의 체험을 바탕으로 12가지 주제로 쓰게 되었다고 말한다. 사모로서 겪은 '분노'의 문제를 이야기하는데 참 공감이 가는 내용이 많았다. 사모는 한 교회를 목회하는 목사의 아내이며 내조자이다. 사모는 공식적인 교회 직분은 아니다. 그러나 사모의 위치와 역할은 목회자 못지않게 중요하다고 할 수 있다. 또한 목회자 못지않게 사모 역시 많은 짐을 지고 가는 사람이다.

사모는 2,000명의 교인보다 귀하다. 담임 목회자에게 사모 한 사람은 누구와도 대체할 수 없는 가장 소중한 존재이다. 사모는 주보에 이름이 적혀있지 않은 사람이지만 교회 안에서 담임 목회자 못지않게 중요한 존재이다. 아니 담임 목회자보다 더 짐이 무거운 자리가 사모의 자리가 아닌가 싶다. 그래서 사모의 자리는 짐이 무거운 만큼 스트레스도 많다. 그래서 사모 중에는 우울증에 시달리는 사람들도 많다.

사모라고 하는 그 무거운 자리를 잘 지탱하고 감당할 수 있는 방법은 뭘까? 쉽지 않은 질문이고 해법이지만 사모도 자신이 겪는 스트레스를 좀 완화시키고 자신을 지켜갈 수 있는 방법으로 깊이 있는 독서와 치유로서의 책 쓰기를 해보면 어떨까 제안해 본다.

내 서재에는 많은 책 중 사모에 관련된 책이 몇 권 있다. 상담 치유 전문가인 정동섭 박사의 아내인 이영애 사모와 몇 분들이 함께 쓴 『치유가 일어나는 독서 모임』은 참 좋은 책이다. 사모가 꾸준히 책을 보면서 치유를 경험한 내용을 책으로 쓴 것이 많은 사모들에게 치유가 위로를 주기 때문이다.

김용경 사모가 쓴 『개척교회 사모의 목회 일기』도 사모가 쓴 인상 깊은 책 중의 하나였다. 1987년 개척교회 사모로서 목회 활동을 도와 온 저자가 그간의 이야기를 진솔하게 풀어쓴 책인데, 새로운 미래를 위한 목회 준비기부터 아름다운 교회를 꿈꾸며 보낸 교회 개척 시기, 영적 전투, 지역 교회와의 연합, 열방을 향한 목회 활동까지 신앙에 담아 써내려간 사모의 목회일기이다.

사모는 이런 책을 써야 한다.

이 주제는 제일 쓰기 힘든 주제이고, 제일 중요한 주제이기도 하다. 목회자에게 있어서 사모는 그 누구도 대체할 수 없는 존재이기 때문이다. 사모는 바로 그 자신이 교회이기 때문이다. 담임 목회자는 어떠한 면에서 영광을 받는 자리일 수도 있지만, 사모의 자리는 무한한 희생을 감당해야 하는 아픈 자리일 수 있기 때문이다. 그러기에 이 땅에 많은 사모가 드러내 놓고 말도 못하고 속으로 아파하면서 가슴앓이를 하고 있는 것이 아닐까 싶다.

그래서 사모에게 권하고 싶은 첫 번째, 책 쓰기의 주제는 치유의 책 쓰기이다. 『인생을 글로 치유하는 법』의 저자 바바라 애버크롭비는 "글쓰기 자체가 치유의 힘을 주며, 삶의 혼돈을 정리하고 빛나는 순간을 붙잡는 법이 책을 쓰는 일이다"라고 하였다. 마음이 아픈 사모들이 치유의 글쓰기를 통해 먼저 자신의 무거운 짐과 스트레스를 정화해가는 책 쓰기를 했으면 좋겠다. 그리고 그러한 믿음의 고백과 치유가 있는 책들이 사모들을 통해서 많이 써졌으면 좋겠다.

두 번째로, 사모가 써야 할 책은 남편 목회자를 위한 기도에 관한 책이다. 예수전도단에서 사역하는 이광임 사모가 쓴 『그리스도인의 중보기도』는 사모의 기도가 얼마나 중요한지를 말하는 책이다. 목회자와 교회를 위한 사모의 기도의 중요성은 아무리 강조해도 지나치지 않는다.

세 번째로, 사모가 써야 할 책은 자녀 양육과 자녀 교육에 대한 책이다. 부목사 시절에 황영란 사모가 쓴 『내 아이, 어떻게 키울까?』를 읽고 교육부 교사들을 대상으로 특강 강사로 모셔서 귀한 강의를 들은 기억이 난다.

『나의 사랑하는 사모에게』의 김점옥 저자는 "사모는 목회자와 사역의 동역자이며 하나님으로부터 사명을 부여받은 또 다른 목회자이다"라고 표현했다. 룻 화이트의 『사모가 사모에게』는 목회자 아내, 남편과 동역, 자녀 양육, 교회와 관계, 개인의 필요에 대해 말하고 있다. 신성종 목사의 사모인 이건숙 사모가 쓴 『사모가 선 자리는 아름답다』는 사모의 입장에서 사모에 대해서 쓴 좋은 책이다. 월간 목회사에서 엮은 『사모가 선 자리에서 사모를 말한다』는 목회 현장에 있는 여러분의 사모들의 살아있는 체험 간증록으로 좋은 책이다.

그 밖에도 사모가 쓸 수 있는 좋은 주제의 책은 미국의 『은퇴의 기술』 저자 페트리샤 도노호가 목사인 남편 데이비드 보차드와 함께 공저한 책으로 50세 이후의 인생 재창출을 위한 셀프가이드 같은 그 분야에 공부를 해서 전문 서적을 쓰는 경우도 유익하고 좋다.

사모는 운전할 때의 사각지대처럼 교회 안에서 가장 중요한 존재이면서 잘 몰라주는 존재이며 역할이다. 사모가 살아야 남편 목회자가 산다. 교회 안에서 사모의 역할을 대신할 사람은 아무도 없다. 그만큼 사모는 소중하며 존중받아야 할 자리이다. 그러한 사모들이 앞으로 좋은 책을 세상에 많이 내놓기를 기대해 본다.

여성 목회자는 책을 쓰면서 전문가로 세워진다

여성 목회자는 지교회를 목양하는 안수 받은 여성 목사와 교회의 심방을 주로 담당하며 담임목사의 목회를 돕는 심방 여전도사와 기관에서 전문적인 일을 하는 여성 사역자를 말한다. 또 신학교에서 학생을 가르치는 교수 중에 안수 받은 여성 교수를 여성 목회자, 사역자라고 부를 수 있겠다. 여성 목회자는 성별이 여성이지 남성 목회자와 동등한 목회자이다. 여성 목회자는 여성 특유의 감수성과 세밀함을 가지고 성도들을 어머니의 마음으로 잘 돌보고 양육하는 강점이 있다.

내가 좋아하는 여성 목회자 중에는 우리들교회의 김양재 목사가 있다. 나는 부천에서 개척교회를 할 때만 하더라도 김양재 목사의 『날마다 큐티하는 여자』라는 책을 보고도 그리 큰 감동은 받지 못했었다. 하지만 그 후 영종도에서 건축을 하고 빚을 지게 되면서 광야수업을 받던 중 김양재 목사의 책들과 그의 설교를 유튜브에서 다시 보게 되었는데,

그때는 부천에서는 들리지 않던 그의 설교가 들리기 시작했다. 나의 상황과 환경이 간절하고 절박하니까 김양재 목사의 외치는 설교가 나에게 주는 하나님의 음성으로 들렸다. 그 후에 나는 김양재 목사의 『고난이 보석이다』, 『가정아 기뻐하라』 등의 책들을 대부분 훑어보고, 매주 유튜브와 인터넷을 통해서 설교를 듣게 되었다. 나는 감히 말한다. 김양재 목사야말로 가정이 무너져 가는 이 시대에 가정을 다시 회복하고 살리기 위해서 하나님이 준비하여 세운 귀한 사역자라고 말이다.

서초동에서 첫 담임목회를 할 때에 사랑의 교회 옥한흠 목사가 주관하는 『평신도를 깨운다』 세미나에 참석한 적이 있다. 그때 주제별 강의로 사랑의 교회 강명옥 전도사의 강의를 듣게 되었다. 강명옥 전도사가 쓴 『새 가족에게 꼭 가르쳐야 할 5가지 원리』는 새 가족을 명품 강의를 책으로 지은 명작인데, 강명옥 전도사뿐만 아니라 여전도사들도 목회 현장에서 체험한 내용을 잘 정리하여 책으로 쓰면 교회와 성도들에게 유익을 주는 명작이 될 수 있다고 생각한다. 여전도사는 목회의 여정들을 책으로 남기면 좋다.

여성 목회자는 이런 책을 써라.

첫째로, 여성 목회자는 말씀 묵상의 깊이가 있는 책을 남길 수 있다. 김양재 목사가 큐티를 시작으로 우리들교회를 은혜롭게 목양하며 말씀을 선포하고 계속 책을 출간하는 것처럼 여성 목회자는 말씀 묵상에 관한 좋은 책을 출간할 수 있다.

둘째로, 여성 목회자는 목회 현장에서의 체험과 설교를 설교집과 에세이, 칼럼 등으로 출간할 수 있다. 담임목회를 하는 여성 목회자들의 책이 많이 출간되어야 한다. 여성 목회자의 책은 어머니의 마음처럼 감수성이 깊고 세밀해서 영혼들을 양육하고 위로할 수 있는 좋은 책이 되기 때문이다.

셋째로, 여성 목회자는 아이를 낳고 길러본 어머니의 마음으로 자녀양육에 대한 좋은 책을 쓸 수 있다. 여성 목회자들이 쓴 감성 깊은 책들은 지쳐있는 영혼들에게 위로가 되는 좋은 책이 될 것이다.

넷째로, 여성 목회자는 전문성을 살려서 전문적인 책을 쓸 수 있다. 기관에서 사역하는 전문 사역자나 신학교에서 학생을 가르치는 교수나 여성 목회자들은 전문성을 살려서 책을 쓸 수 있다. 『은퇴의 기술』을 쓴 저자 페트리샤 도노호는 자신이 안수 받은 목회자이면서 교육학 박사로서 『50세 이후 인생 재창출을 위한 셀프가이드』의 책을 썼다.
이렇게 세상은 여성 목회자의 감성 깊은 책들을 더 많이 나오기를 기다리고 있다.

선교사는 책을 쓰면서
믿음의 역사를 쓴다

선교사들이 책을 왜 써야 하는지 영감을 주는 좋은 예가 있다. 『오래된 소원』의 저자인 강석진 선교사가 바로 그 좋은 예이다. 이 책을 위해 강석진 선교사는 직접 자신이 책을 쓴 과정을 이렇게 정리하여 보내주었다. 그의 이야기를 보면 왜 선교사가 책을 써야 하는지, 책을 쓰면서 얼마나 성장했는지를 잘 알 수 있다.

> Tip 『오래된 소원』의 저자 강석진 선교사는 이렇게 책을 쓴 후 인생이 달라졌다!

글을 쓴다는 것은 누구에게나 바람일 수도 있고, 자신을 드러내고자 하는 본능의 발로이기도 하다. 그러나 막상 나의 글을 책으로 만들어 세상에 드러낸다는 것은 출발 선상에서부터 상당한 용기와 결단이 필요하다. 왜냐하면 세상으로부터 평가를 받기 때문이다. 그러나 그것이 두려워 주저한다면 내가 구축해 놓은 세계를 타인을 향해 드러내는 것은 불가능해진다.

나는 책을 쓰기 전에 크게 세 가지 문제로 고민하였다.

첫째, 과연 내가 쓴 글이 독자들에게 좋은 얼마나 많이 영향을 줄 수 있을까?

둘째, 내가 나의 글을 꼭 책으로 만들어 내야 하는 필요성과 당위성이 있느냐는 것이다. 책 출간이 그저 나의 만족과 과시를 위한 것이라면 이 또한 나의 허세를 드러내고자 하는 것이고 내 스스로를 속이는 일이 될 수도 있기에 오히려 책을 않느니만 못해질 수도 있다.

요즘 자서전 쓰는 것이 유행이다. 대부분 그러한 글들은 자화자찬이고 본인의 솔직한 고백이 아닌 자신과 타인을 속이는 그러한 내용이 많다. 이는 자신의 이력에 경력 한 줄을 추가하기 위한 수단에 불과하다.

그러나 아무리 무명이고 글쓰기에 문외한이고 초보일지라고 글의 내용이 세상을 향하여 고백하고 싶고 나누고 싶은 절실한 내용으로 타인들에게 공감을 불러일으킬 수 있는 보편성 있는 글이라면 용기를 내어 책 쓰기에 도전해 볼 필요가 있다.

세 번째, 내가 세상을 향하여 말하고 싶은 내용이 아무리 절실하더라도 그 글의 내용에는 최소한의 문학적 사실적 표현에 있어서 책이 요구하는 형식에 어느 정도 부합되어야 한다. 이 문제는 본인이 거친 원석을 조각상으로 만들어 내는 것 같은 각고의 노력과 또는 타인의 도움과 훈련의 과정을 거치면 극복될 수 있다고 본다. 이러한 요건들이 갖추어져 있다면 책 쓰기에 도전해보라고 권면하고 싶다.

나 또한 위의 세 가지 문제에 얽매여 많은 고민을 하였지만, 책 쓰기에 도전을 하여 마침내 산고 끝에 세상을 향해 책을 내보일 수 있게 되었다. 여기서 아직 부족하기 그지없지만 나의 책 쓰기 경험을 책을 쓰기 원하는 분들과 함께 나누고자 한다.

나는 초등학생 시절부터 세계 문학 전집을 읽기에 심취하였다. 친구 집에 가면 그 집 안의 책을 꺼내어 보는 그런 습성도 있었고 책에 대한 호기심이 강하였지만, 글쓰기에는 별로 관심이 없었다. 그 흔한 글짓기 백일장에 나가본 적도 없었고, 일기 쓰는 일조차도 싫어했었다. 그러나 사춘기까지는 책 보기를 좋아하였다. 그 후에는 책보는 재미보다는 그 외에 활동적인 취미에 빠지면서 책과는 멀어지기까지 하였다. 대학을 마치고 직장 생활을 하면서도 그러했다. 사회생활을 하면서 대학원 과정을 두 번 공부하느라고 전공 서적 외에는 별로 읽은 책이 없었고, 직장 생활을 접고 선교사가 된 후에는 선교와 성경 관련 책에는 별로 가까이한 책이 없었다. 선교현장에 몰입하다 보니 책을 통한 낭만적이 즐거움을 느낄 수 있는 여력이 없었던 것 같다.

하지만 2015년 7월 9일, 내 일생에서 가장 가슴 설레는 출판 기념회를 하게 되었다. 책을 쓰기로 작정하고 집필한 지 2년 반만의 산고 끝에 세상에 『오래된 소원』이라는 이름을 달고 책이 나온 것을 기념하는 잔

치를 하였다. 이런 기쁨의 날이 오기까지 나에게는 약 10여 년의 시간이 소요되었다. 내가 쓴 소설은 북한의 80대의 한 여인의 파란만장한 생애를 실화로 하여 쓴 최초의 저술이었다. 그 내용은 다음과 같다.

2003년 4월, 내가 선교사역을 하고 있는 중국 압록강변 도시인 단동에서 우연히 북한에서 건너온 80대의 할머니와 60대의 아들 모자를 만나게 되었다. 그들의 간절한 소원은 남한의 배다른 가족들을 만나려 하는 것이었다. 그 할머니는 당대의 이산가족이었다. 1945년 해방과 더불어 북한이 공산화되자 많은 사람이 남쪽으로 월남했을 당시 그 할머니는 결혼한 지 3년이 되었고 아들 둘을 두고 있었다. 남편은 지주이었기에 일신상 잠시 피한다는 것이 영영한 이별이 되어 60여 년의 세월을 보냈지만, 남쪽의 남편은 이별한 지 15년 후에 남쪽에서 재혼을 하였고 그 슬하에 3자녀를 두게 된 것이다. 그러나 북쪽에 남은 그 여인은 정절을 지키며 살아온 것이었다.

이 할머니의 소원은 어미로서 남편의 핏줄인 첫아들과 남쪽에 남편이 남겨놓은 후손과의 상봉을 위해 강을 건너온 것인데 상봉이 막막하였다. 그러던 중에 내가 이 상봉하는 일에 나서서 마침내 여러 우여곡절을 겪은 후에 그 남편의 후손들을 찾아내었고 그들과 중국에 와있는 두 모자와의 상봉을 엮어냄으로 영화의 한 장면 같은 남과 북의 이산가족 상봉이 이루어졌다.

나는 이러한 가족 단위의 작은 통일의 모습을 보면서 너무도 크나큰 감동과 이산가족들의 애환을 간접적이나마 체험하면서 남과 북의 분단으로 인한 비극과 고통을 민족사적인 입장에서 깊이 생각해 보게 되었다. 나라의 비극이 가족의 비극이 되고 그것이 그 후대들에게도 전가되는 그 모습이 우리의 분단된 대한민국의 실상의 단면이었다.

그 두 가족이 각자 남으로 북으로 돌아간 후에 오히려 가슴이 짠할 정도로 그 아픔의 여진을 한동안 떨쳐버릴 수가 없었다. 나는 그러한 체험을 분단의 시대의 한 증인으로서 이러한 이산가족의 민족적 아픔을 글로서 간략하게나마 남겨 놓아야겠다고 생각을 하였다. 마치 증언대에 서서 진실을 세상이 알도록 하기 위해서는 위험도 무릅써야 한다는 그런 각오를 다지게 되면서 내 자신의 필력이 부족함을 알면서도 글쓰기를 시도하였다.

나는 수개월 동안 그 할머니에게 직접 들었던 그 가족사의 슬픈 이야기를 근거로 해서 나름대로 구상을 하여 그 할머니의 지난 생애를 마치 여자의 일생을 쓰듯 몇 주간의 시간을 거쳐서 A4 용지로 23페이지에 기록해 두었다.

그 후 어느 날 3년이 지난 2006년, 인터넷에 그 글을 올려놓았다. 그러자 많은 사람이 카페나 블로그 등 자신들의 홈페이지에 올려놓음으로 다수의 사람이 그 이야기를 공유하게 되었다. 사실상 나의 글이 책으로 만들어지지는 않았지만 온라인상에서 독자들을 어느 만큼은 확보한 것이었다. 결과적으로는 그 과정이 책 쓰기의 전 단계가 된 것이었다.

어느 누구나가 일단 자신의 글을 온라인상에 올려놓으면 그 글에 대한 평가를 어느 정도 가늠해 볼 수 있다. 만일 아무 반응이 없으면 그 글은 죽은 글이 되는 것이고, 더 이상 생명력이 없는 글이 되는 것이다. 그렇다고 포기할 필요는 없다. 또 다른 글들을 계속 쓰면서 온라인상에 올려놓기를 반복하다 보면 습작을 통한 자신의 글 쓰는 능력이 향상되어 문장과 스토리의 완성도가 점차 높아지게 되기 때문이다. 즉, 온라인상의 글 올려놓기는 책을 내놓기 위한 전 단계로 삼아서 다양한 글들과 자신이 꼭 쓰고자 하는 글들을 계속 쓰다 보면 일종의 작가 수업을 스스로 하게 되기도 한다. 이렇게 되면 스스로 시행착오의 과정을 통한 자기의 글쓰기 완성도를 높여 가는 것이다.

온라인상에서의 글쓰기는 자기의 글쓰기 능력을 향상시키며 독자들의 반응을 통해 자신의 장단점을 확인하게 되기도 하는 효과를 겸하여 볼 수도 있는 것이다. 또 그 온라인상에서 다른 사람들의 글을 지속적으로 봄으로 인해 글 내용을 객관적으로 볼 수 있는 통찰력도 배가시킬 수 있다.

나는 온라인상에서의 나의 글에 대한 긍정적인 평가를 스스로 하게 되었고 어느 정도 글쓰기에 대한 자신감을 갖게 되었다. 만일 10개의 글을 올려놓았는데 단 하나만이라도 좋은 반응을 얻는다면 매우 고무적인 것이다. 글을 통해 다른 사람들이 함께 공감해주고 감동을 준다는 것은 그리 쉬운 일이 아닌 것이다. 자신이 쓴 글을 꼭 세상 사람들에게 알리고 싶은 강한 의지가 있게 되면 용기를 갖고 시도하게 되고 글쓰기에 대한 집중력과 스스로에게 책임감을 주게 되면서 지속적으로 글쓰기에 도전하게 된다. 그렇게 되면 나중에 그 글이 사람들에게 얼마나 영향을 줄지 어떤 평가를 받을지에 대한 불안감과 두려움을 극복할 수 있게 된다.

나로서는 일단 온라인상에서의 괜찮은 평가를 받은 것이 동일한 내용이지만, 그 후에 다시 그 글을 쓰게 된 원동력을 스스로 갖게 된 것이었다. 작은 단편 분량의 글이었지만 스스로 완성도가 갖추어진 글이라는 것을 확인한 계기가 되었고 그것으로 만족한 상태였다. 그 후에 나에게는 다시 글을 써야 한다는 뚜렷한 동기가 없었기에 거의 9년이 지나버린 2012년 가을에 극동방송의 어느 PD에게 10여 년이 된 그 원고를 주면서 다큐드라마를 만들어 보라고 제의를 하였다. 그녀는 그 원고를 검토한 후에 스토리가 매우 감동적이라며 드라마를 만들겠다고 하고 바로 극작가에 맡겨서 드라마 시나리오를 만들었고, 그 대본을 갖고 직접 그 드라마를 제작하기 위해 성우들을 섭외하고 효과음과 내레이션을 삽입하여 드라마를 완성하였다. 그같이 완성된 드라마가 전국 11개 극동방송 네트워크를 통해 방송되었다. 그 방송을 직접들은 나는 지금까지 느껴보지 못한 사뭇 다른 감동을 받았다. 그런데 라디오는 귀로만 듣고 흘러가 버리는 것이기에 못내 아쉬움을 털어낼 수 없었다.

그 드라마를 들은 후에 불현듯 나에게 새롭게 용솟음치듯 그 내용을 소설로 더욱 리얼하게 써서 보다 더 많은 사람들에게 그 내용을 좀 더 가슴으로 감동을 느낄 수 있도록 글로서 서술해야겠다고 결심을 하고 바로 원고로 정리하기에 들어가게 되었다.

그러나 막상 23페이지의 원고를 소설로 쓰자면 상당히 많은 글을 더 써야 하는데 그 부담감에 자신감을 잃어버렸다. 아무리 생각해보아도 100페이지 이상의 원고를 써내려갈 자신이 없었던 것이다. 그 스토리가 다 실화이기에 원고의 분량을 늘리기 위해 없는 사실을 만들어 낼 수는 없었고 또 과장을 하여 사실을 왜곡시킬 수도 없는 문제였다. 왜냐하면 글에도 반드시 정직성이 전제되어야 하기 때문이었다.

최초 원고의 내용은 그 주인공의 어린 시절부터 80여 년생의 삶을 압축하여 사건(팩트) 위주로 나열한 스토리였다. 그렇다면 내가 더 그 글의 내용을 확대할 수 있는 길은 각 사건과 상황에 대한 내레이션을 더 추가하여 스토리를 좀 더 확장시켜 사실화하는 방법밖에 없었다. 또 그 주인공 할머니가 나에게 들려준 이야기 가운데 생략된 것과 기억을 되살리지 못한 내용을 머리를 짜내듯 하여 새로운 이야기를 끄집어내어 새로이 더 엮어내어야 했다.

만일 그때 나에게 글쓰기에 대해 조언과 지도를 해 줄 수 있는 사람이 있었다면 매우 용이하게 스토리를 새롭게 구성하고 전개해 나갈 수 있었을 것이다. 나 홀로 혼자 고심하며 표류하는 배처럼 스토리의 전개와 내용이 어떻게 전개 시켜야 할 지 그런 능력이 없었다. 지금에서야 절실히 느끼는 점은 글쓰기에도 반드시 최소한의 형식과 내용을 갖추려면 글쓰기 배움에 대한 과정이 필요하고 멘토가 반드시 있어야 된다는 것이다. 운동이나 악기를 배우기 위해서는 기초 훈련과 기본기를 갖추는 방법을 홀로서가 아니라 지도자를 통해 배우면 시간과 노력의 소모를

극소화할 수 있다는 것이 상식이지만 글쓰기에도 역시 배움의 과정이 모두에게 반드시 필요한 것이다. 글쓰기 배움은 그 집필자의 글쓰기 장단점을 진단받게 되어 글에 대한 자신의 장점을 극대화하고 단점을 최소화할 수 있다.

나에게는 그런 배움의 과정이 없어서 많은 시간을 낭비하게 되었다. 그 당시 내가 할 수 있는 것은 내가 쓴 그 글을 주변인들에게 보여주면서 평가를 해달라는 것 외에는 없었다. 그러나 그들도 역시 글 읽기는 즐겨도 글쓰기 분야에는 문외한이었기에 나에게 꼭 필요한 조언과 지도를 해줄 수 없었다. 나에게는 매우 실질적이고 구체적인 지적과 해결 방안을 제시해 주는 지도자가 필요했던 것이다.

요즘은 글쓰기 책과 글쓰기 교육 프로그램이 많기 때문에 글을 잠재력 있는 예비 작가들은 그 과정을 거치는 것이 먼 안목으로 볼 때 매우 경제적이고 효율적인 투자가 될 것이다. 글쓰기도 예술이고 학문이고 소통의 도구이기에 이에 대한 배움의 과정은 필수적이다.

나는 많은 시간을 낭비하면서 써 놓은 글을 부분적인 수정이 아닌 처음부터 다시 쓰는 작업을 시도하였다. 물론 그런 반복적인 글쓰기를 통해 스스로가 글쓰기 방법을 순차적으로 터득해 갔다. 마치 가야 할 길이 10리 길이면 몇 배에 해당하는 길을 가면서 많은 시간과 정열을 소모한 것이다. 그렇게 처음부터 다시 쓰기를 세 번을 반복하였다. 그 결과 원고의 분량이 85페이지가 되었다. 그러나 문장과 스토리의 완성도에 뭔가 부족한 문제점이 있었지만 결정적인 원인을 알 수 없었다. 지인들은 스토리가 감동적이고 글이 괜찮다고 하였지만 내 자신이 그 글에 대해 만족할 수 없었다. 하지만 이제는 더 이상 내 스스로가 손댈 수는 없는 것이었다. 왜냐하면 내 능력의 한계가 여실히 드러난 상태였기 때문이다.

야구선수가 배트의 스윙 동작에 문제가 있는 것을 본인이 알면서 그 결정적이 원인을 찾아내지 못하고 그에 대한 해결 방법을 터득하지 못하면 그대로 반복될 수밖에 없는 그런 상황과도 같은 것이다. 야구에는 타격 코치가 있고 골프에도 최고의 선수들에게도 스윙의 멘토가 있으므로 컨디션의 난조와 스윙에 문제점에서 해결점을 찾아내서 더 나은 결과를 도출해냄과도 같은 것이다.

세 번을 그렇게 다시 쓰기를 한 원고를 어느 기독교 출판사를 직접 찾아가서 원고를 제출하였다. 그 출판사의 사장은 원고를 살핀 후 그 내용에 대해 몇 가지 질문을 하고는 그 사장은 이 원고를 책을 낼 수는 있지만 요즘 출판업계의 시장성이 매우 열악해져 있어 보통 저자가 출판도서의 절반을 70% 가격으로 구입해 주는 것이 관례라면서 그런 조건의 출판을 제시하였다. 나는 다시 생각해보고 결정을 하겠다고 하였다. 그런 조건의 출판도 결국은 절반의 자기 부담을 안고 책을 내게 되는 것이고, 그 비용 또한 만만치 않은 것이었다. 출판업계에 많은 책이 나오지만 1쇄 이상을 더 출판하는 경우가 드물 정도이고 유명한 목사님들의 설교집도 이제는 고작 2~3,000부 나가는 것이 요즘 출판업계의 현실이라는 것이다.

결국 고심 끝에 나는 그러한 출판 조건을 포기했다. 나는 그런 경험을 통해 출판업계의 어려운 현실을 보게 되었다. 그렇다면 다른 출판사의 경우도 거의 같을 것이라는 생각에 낙심이 되었다. 저자가 유명인이거나 이미 출판업계에서 알려진 명저자이면 모를까 출판업계도 그런 방법으로 출판업을 할 수밖에 없음을 이해하게 된 계기가 되었다.

그 후 몇 개월이 지나서 한 지인을 통해 또 다른 출판사를 소개받았다. 하지만 그 출판사는 먼저 알아본 출판사보다는 유명도가 좀 더 있는 출판사이기에 출판 가능성은 더 희박할 것이라는 판단을 져버릴 수가 없었다. 그 당시 나로서는 더 이상 다른 출판사와 시도할 자신감도 없는 상태였다. 하지만 이번이 마지막 시도로 한번 부딪쳐 보자는 각오로 나의 원고를 다시 한 번 검토 후에 내용을 좀 더 다듬어서 93페이지 원고를 작성하여 출판사로 메일을 보냈다. 글쓰기 초보가 대형 출판사에서 과연 받아줄지 알 수는 없었지만 그런 과정도 책을 출판하는 데에 필요하기에 시도한 것이었다.

그렇게 원고를 보낸 후 그 출판사에서 연락이 오기를 기다린 지 약 10일 정도 지나서 원고를 접수했고 편집자들이 충분히 검토 후에 출판 여부를 3개월 후 결정하여 통보하여 주겠다는 답신 메일을 받았다. 그때 나는 그런 답신의 글이 출판 불가라는 우회적인 표현으로 알고 기대를 접어버렸다.

그런데 약 3개월이 지난 후 그 출판사에서 내가 보내준 원고를 면밀히 검토한 결과 출판하기로 결정되었다는 믿어지지 않는 답신을 받았고, 나는 이게 꿈인지 생시인지 믿어지지 않았다. 이는 내 생애에서 책을 출판하게 되었다는 사실이 너무도 감격적인 사건이었다. 나는 그 답신을 혹 내가 잘못 읽은 것이 아닌지 몇 번씩이나 다시 읽어보았다.

그리고 며칠 후에 그 출판사에서 다시 연락이 왔다. 사무실로 내사하여 책 출판에 대해 상의하자는 소식이었다. 나로서는 책 출간이 확정되었다는 것을 확인하게 된 새로운 소식이 되었다. 나는 그제야 드디어 나도 책을 내게 되었구나 하는 성취감을 갖게 되었다.

나는 설레는 마음으로 출판사를 방문하여 담당 편집자를 만났다. 그 담당 편집자는 나에게 메모한 쪽지를 건네주면서 책으로 완성되기 위해서는 6가지 사항을 다시 수정 보완해야 한다면서 하나하나 설명해 주었다. 그 내용은 원고에는 상황을 설명하는 문장이 상대적으로 많은데 그 내용을 최소화하고 대화체로 글 속에 녹여서 자연스러운 문장으로 서술하라는 것이었다. 또, 그 소설 속에 인물들 간의 대화체를 많이 서술할 것과 인칭 문제도 지적하면서 일인칭이나 삼인칭을 각 장에서 통일시킬 것과 그 주인공과 다른 인물들의 심리 묘사와 감정표현과 생각 등을 글로서 상세하게 서술하여 그 스토리가 좀 더 심도 있게 독자들로 하여금 느낌이 오도록 묘사하라는 주문이었다.

그 외에도 몇 가지 수정 및 보완할 점들을 설명해 주었다. 그 당시 나는 원고를 출판사에서 받고 출판이 결정되면 출판사에서 편집자들이 글 전체를 손을 보아서 글을 완성시켜 주는 줄 알았다. 전혀 예상치 못한 주문이었다.

원고를 다시 검토해서 편집장의 주문대로 글을 처음부터 다시 쓰게 되었다. 이것으로 네 번째 다시 쓰는 글이 된 것이었다. 주문대로 다시 쓴다는 것이 결코 쉽지 않았다. 특히 대화체를 많이 삽입하려 하니 그 인물과 상황에 대한 깊은 통찰과 상상력과 심리 묘사가 필요하였다. 극적인 묘사도 함께 따라주어야 그 스토리가 진부하지 않고 문장과 상황 흐름이 자연스럽고 매끄럽게 서술될 수 있기에 대화체 묘사에 매우 공을 들였다. 때로는 많은 분량의 문장을 지워버리거나 대대적으로 수정을 하게 되기도 하였다. 각고 끝에 대화체를 많이 삽입한 결과 스토리의 완성도가 높아지고 극적인 분위기가 살아났고 문장에 대한 몰입도도 높아지게 되었다.

　그로 인해 불필요한 서술 부문도 과감하게 털어내어 문장의 흐름이 훨씬 부드러워졌고 소설다운 탄탄한 구성력을 가질 수 있게 되었다. 또한 기승전결의 구성도 훨씬 좋아졌다. 이렇게 함으로 문장과 전체적인 스토리가 더욱 완성도가 높아졌다. 이런 작업의 과정을 통해 결국 최종적인 원고의 양이 135페이지가 되었다. 내 스스로가 최선을 다한 저술이었다. 어찌 보면 나의 진액을 다 짜낸 글이었다.

　이제는 편집자의 손에서 최종 완성되는 일만이 남게 된 것이다. 원고를 다시 메일로 출판사로 보내자 편집자도 더 이상의 수정 요구를 하진 않았다. 그런데 그 후에 곧 인쇄로 들어갈 줄 기대하였는데 출판사의 사정에 의해 다음 해 봄에나 출판될 수 있다는 얘기에 맥이 빠지긴 하였다. 그래도 책이 나오게 되었다는 것으로 만족하고 기다리게 되었다. 그렇게 몇 개월이 지난 금년 4월에 출판사에서 계약을 하자는 소식이 옴으로 출판사를 재방문하였고, 출판사 대표님과 계약서에 사인을 함으로 비로소 책이 나오게 된다는 실감을 하게 되었다.

그 후 약 3개월이 지나자 드디어 책이 출판되어 내 손에 들어오게 되었다. 정말 책이 세상에 신생아같이 태어난 것인지 확인하고 싶어서 교보문고와 기독교 서점에 가서 확인도 하였다. 대형서점에 내가 쓴 책이 평대에 전시된 모습을 보고 마치 산모가 태어난 아기를 바라보듯 한 시선으로 그 책을 바라보고 손으로 그 책을 만져 보았다. 그리고는 기념사진도 찍고 카운터에 가 내 책을 돈을 지불하고 마치 금메달이라도 목에 건 것 같은 기분으로 서점을 나왔다. 집에 와서 아내에게 그 책을 보이고 영원한 소장품으로 보관하기 위해 서재에 꽂아 놓았다.

며칠 후에는 인터넷 모든 포털 사이트에 내 책이 소개되었다. 그제야 내 자신이 정말 작가가 되었다는 생각을 갖게 되었다. 나는 내 평생에 최초의 책을 이제는 많은 사람에게 알리고 싶었다. 출판사에 300부를 주문하여 여러 지인과 학교와 교회와 청와대와 정부 기관과 조선일보사에도 이 책에 대한 소개를 간략히 한 안내문을 각각 작성하여 발송했다.

그 작업을 어느 정도 마치고는 출판기념회를 준비하였다. 마치 내 자신이 결혼식을 치르기 위해 예식장과 피로연 등을 준비하는 것처럼 설레는 마음으로 출판기념회 행사 장소를 물색을 하고 이에 대해 준비물들을 준비하고 지인들에게 출판기념회를 알리는 광고 작업을 하였다.

출판기념회 순서도 짜면서 축하 찬양자와 실내 연주팀도 초청하여 준비를 나름대로 최선을 다해 진행을 시켜나갔다.

그러한 준비를 하면서 기념회 날짜가 다가오자 초조감을 떨쳐버릴 수가 없었다. 초청 예상 인원은 약 50명 정도였는데 과연 얼마나 올지 하객들에 대한 음식준비 등도 몹시 신경이 쓰였다. 그 날 오시는 축하객들에게 책 한 권씩 기증하기로 하고 200부를 더 주문하였다. 다행히 그날은 예상보다 많은 분이(약 70여 명) 오셔서 축하해주었다. 마치 파티를 하듯이 약 두 시간에 걸쳐서 은혜 가운데 기대 이상의 성대한 출판기념회를 잘 치를 수 있었다.

책을 거의 400부 이상 기증하였는데 감사하게도 출판기념회를 마친 지 4일이 지나서 조선일보사에서 출판사로 작가와 인터뷰를 하자는 제안이 왔다. 나는 다시금 믿어지지 않은 소식에 너무도 큰 감동이 되었다. 한편으로는 좀 긴장도 되었다. 단지 조선일보사에서 책에 대해서 궁금한 것만 알려고 하는 것인지 그렇지 않으면 신문에 신간 도서와 작가와의 인터뷰 기사를 실어 주려는 것인지 알 수가 없었기 때문이었다. 조선일보 기자와 통화를 하고 약속 날짜를 잡고 그 날에 설레는 마음으로 덕수궁 옆길에 있는 조선일보사 사옥에 가서 기자와 인터뷰를 한 시간 반 정도 하였다.

책을 쓰게 된 동기와 책 속의 주인공, 나의 신상 소개와 활동 등 광범위하게 인터뷰를 하였다. 인터뷰를 하는 동안 사진기자가 4~5장 정도 사진도 찍었다. 내 생애 단독 인터뷰까지 하는 영애를 책을 씀으로 인해 그 부상으로 받게 된 것이다. 너무도 분에 넘치는 신분상승이 된 기분이었다.

집에 돌아와서는 나는 다시 초조해졌다. 과연 신문에 실어줄지 그렇지 않으면 인터뷰 기사가 사장될지 알 수 없었기에 마치 심판의 날짜를 기다리듯 그같이 기다렸다. 매주 금요일 신간 도서와 종교기사가 나는데, 나는 그 주간에 조마조마한 가슴으로 조선일보를 펼쳐보니 내 기사가 안 보였다. 그 순간 너무도 낙심이 되었다. 내 추측으로는 인터뷰 내용이 신문에 낼 만큼 충족이 안 돼 다른 기사로 대체 되었다고 판단을 하였다. 마음이 착잡했고 실망스러웠다.

그런데 다음 주 금요일, 이른 아침에 지인을 통해서 연락이 왔다. 강석진 선교사가 인터뷰하는 사진과 책을 소개하는 기사가 조선일보에 실렸다는 것이었다. 그 순간 나는 마치 고등고시에나 합격된 듯한 기쁨과 믿어지지 않는 생각으로 가슴이 두근거렸다. 나는 바로 인터넷을 통해 확인하였다. 조선일보사 7월 24일 날짜 문화, 종교란에 내 사진과 기사가 눈에 들어왔다. 너무도 감동적인 순간이었다. 나의 이름과 기사 내용이 조선일보사 빅 데이터에 기록이 되어 있었다.

나는 책을 씀으로 인해 내 안에 잠재된 능력을 발견하였고 이를 내 삶으로 이끌어냈다. 그뿐만 아니라 내 인생은 책을 쓰기 전과 후가 달라진 삶을 살아갈 수 있게 된 것이었다.

군목과 군종은 책을 쓰며
희망을 보여준다

군목과 군종은 군대라고 하는 특수한 영역 안에서 군인들을 대상으로 복음을 전하고 그들을 돌보는 목회자를 말한다. 나는 특별히 군대 안에 있는 군인교회에서 요한복음 4장으로 예수님을 만나고, 목회자로서의 서원과 부르심의 길을 걷게 되었기에 군대는 내 영혼의 제로 지점과 같은 시간과 장소이다. 그런데 아쉽게도 요즘 군대를 보면 그들에게 복음을 전하는 것이 왠지 쉽지 않음을 본다. 나도 군대에서 인생의 영원한 해답인 예수 그리스도를 만나게 되었으므로 좀 여유를 가지고 그 시절을 돌이켜 보면서 책을 한 권 쓰고 싶다.

나의 군 시절을 돌이켜 보더라도 군 시절은 젊음의 20대 청춘들이 인생의 가장 소중한 시간을 보내는 곳이다. 나는 공과대학 산업공학과를 1년 다니다가 휴학을 하고 입대를 하게 되었는데, 군에 입대한 이유는 인생의 답이 없어서 좀 휴학을 하고 쉬면서 답을 찾기 위해서였다. 그런데 참으로 감사하게도 나는 군에서 인생의 해답인 예수 그리스도를 만나게 되었고, 내 삶을 예수 그리스도를 위해 드릴 수 있게 되었다. 그러니까 군대는 인생의 해답이 필요한 젊은 청춘들이 모이는 곳이기 때문에 군목과 군종의 역할은 너무나 중요하다는 말이다.

나는 군 시절 충청남도 조치원에 있는 32사단에서 군종 사병으로 군복무를 하였다. 그때를 회고하면서 감사한 것은 연대인 99연대 교회와 사단인 32사단 함박군인교회에 꽤 많은 신앙 서적이 비치되어 있었다는 점이다. 공과대학에서 산업공학을 전공하다가 군대에 입대한 처지라 신학에 대해서는 전혀 몰랐지만, 군인교회에 있는 신앙 서적들을 틈틈이 읽으면서 신앙 성장을 이룰 수 있었다.

석호인이 쓴 『믿음의 위인들의 이야기』나 종교개혁자 마틴 루터의 전작들은 거의 그곳에서 읽을 수 있었다. 성경을 10번 정도 정독하면서 많은 신앙 서적을 읽었고 그러자 자연스럽게 목회자로서 준비되었지 않나 생각한다. 군종을 했던 내게 누군가 책 쓰는 법을 가르쳐 주었으면 그때 책을 쓰지 않았을까 싶은 생각도 든다. 군 시절은 책이 많이 필요한 시기인 것만은 분명하다.

2014년 12월 14일자 기독공보 기사를 보니, 『군종 목사, 사랑을 말하다』라는 박희찬 저자의 책이 소개되어 있었다. 이 책은 광야 같은 군대에서 목사로서 겪었던 군인 사랑 이야기 50편이 담겨 있다. 저자는 남

다른 열정과 사랑으로 많은 영혼들을 섬기면서 겪었던 일들을 진솔하고 담백하게 전하고 있다. 저자가 군 선교 현장에서 보여 주었던 섬김, 열정, 사랑, 나눔 등을 느낄 수 있는 책이다. 군목이 군대에서 겪은 이야기를 생생하게 책으로 남겼다는 점에서 소중한 책이 아닐 수 없다.

책을 쓰면서 저자와 대화를 나누다 보면 더욱더 확신이 든다. '군대 안에서도 자신들이 체험한 이야기를 책으로 남겨야 한다'고. 나 역시 군종병으로 사역했고, 군에서 예수 그리스도를 주님으로 만나면서 내 인생의 방향을 정했던 군종병으로서의 이야기를 책을 출간해야겠다는 생각을 이 원고를 정리하면서 갖게 된다.

군목과 군종은 이런 책을 써야 한다.

첫째로, 군목과 군종은 자신의 군 생활 체험을 책으로 쓰는 것이 제일 좋은 콘텐츠가 될 것이다. 군에서의 체험과 믿음의 이야기는 계속해서 기록되고 책으로 출간되어야 한다.

둘째로, 군목과 군종은 20대의 젊은이들인 군인들이 장차 군 생활 이후에도 인생을 어떻게 살아가야 할지에 대한 가이드북으로서의 신앙 서적을 출간해서 보급하는 것도 좋다.

셋째로, 군목과 군종은 특별히 나라를 생각하는 때이므로 국가에 대한 애국심과 신앙심을 균형 있게 성숙시킬 수 있는 책을 출간하여 지도하는 것도 좋다.

군목과 군종제도는 우리나라가 통일이 된 이후에도 존속할 것이다. 그러므로 장기적인 비전과 목적을 가지고 군목과 군종들은 책을 남겨서 축적된 믿음의 경험들을 쌓아 가는 것이 좋을 것이다.

전임전도사는 책을 쓰면서
미래의 희망을 쓴다

전임전도사란 신학대학원을 졸업하고 주 중에 교회에 출근하여 일하는 풀타임(Full-Time) 교역자를 말한다. 대한예수교장로회(통합)교단에서는 전임전도사라 부르고, 대한예수교장로회(합동) 교단에서는 강도사라고 부른다. 말씀을 가르치는 사람이라는 뜻이다.

전임전도사는 교회에 출근하며 심방과 교회 행정, 설교 등의 사역을 감당하면서 목사 안수받기 전까지의 기간 동안 사역하는 직분을 말한다. 냉정하게 보면 독서를 깊이하거나 책을 쓸 만한 여유가 없이 바쁜 직분의 시기가 전임전도사가 아닌가 싶다.

나의 경우도 서울 광진구 구의동의 작은 교회에서 전임전도사를 하였는데, 어떻게 시간이 가는 줄 모르게 보낸 바쁜 시간이었다. 그때는 바쁘기도 했지만, 누군가 나에게 책 쓰기의 중요성에 대해서 강의를 해주거나 알려준 사람도 없었다. 목회 성공에 관한 세미나나 설교에 관한 세미나 등이 주로 하는 세미나였고, 책 쓰기에 관한 세미나나 코칭은 한 번도 받아보지 못했다. 그래서 지금 이 순간 나의 전임전도사 시절을 돌아보면서 이 글을 쓰고 있는 것이다. 새삼 이 글을 쓰면서 전임전도사 시절의 책 쓰기에 관해서 앞으로 사명감을 가지고 가르쳐야겠다는 생각을 하게 된다.

전임전도사는 이런 책을 써야 한다.

첫째로, 전임 전도사야말로 비싼 등록금 주고 학교 공부만 하지 말고 체계적인 독서로 내공을 쌓고 자신의 미래 목회의 전문 분야에 대한 책을 써야 할 시기이다. 책 읽는 습관과 책 쓰는 습관을 이때부터 길렀으면 좋겠다. 나는 나의 지난 전임전도사 시절이 너무 아쉬워서 더 이 주제에 대한 책을 쓰고 있는지도 모른다.

둘째로, 전임전도사는 자신의 체계적인 장기 독서 계획을 세우고 그 책을 읽어나가면서 독서 노트에 관한 책을 쓰는 것도 좋을 것 같다. 그것이 미래에 자신의 담임목회에 큰 도움이 될 것이다.

셋째로, 전임전도사는 가정과 교회의 중요성에 대한 독서와 책을 깊이 있게 써보는 것도 좋을 것 같다. 전임전도사, 부목사 기간을 거쳐서 담임 목회를 하게 되므로 그 시간 동안 충분한 독서와 장기 계획을 가지고 튼실한 내용의 책을 써보는 것도 좋을 것이다.

전임전도사 2~3년, 그리고 부목사 7년 정도를 생각한다고 해도 전임전도사 때부터 담임목회를 할 때까지는 최소한 10여 년의 시간이 있으므로 전임전도사의 책 쓰기는 장기적인 비전과 계획을 가지고 튼실하게 독서를 하면서 내공을 계속 쌓아가고, 그 내공의 힘으로 나의 달란트와 전공을 찾아 책을 쓰면 좋을 것이다.

미래는 정말 준비하는 자의 것이다. 준비한 만큼 쓰임 받는다. 그 준비 중에 가장 중요한 준비는 학위보다는 독서이자 자신의 저서이다. 문학, 철학, 역사 등 인문학에도 관심을 가지고 깊이 있는 독서를 해나가면 좋을 것 같다.

한국교회 목회자분들 중에는 "성경만 잘 알면 되지. 무슨 인문학이 필요하냐?"고 반문하는 분들도 계실 것이다. 하지만 나는 이지성이 쓴 『리딩으로 리드하라』를 정독하면서 그 문제에 대한 명확한 해답을 얻었다. 장로교를 시작한 요한 칼빈도 철학에 정통했을 뿐만 아니라 성경에도 그야말로 박사였다. 전임전도사가 써야 할 책은 성경에 대한 깊이 있는 묵상의 책과 더불어 인문학에 대한 깊은 독서에 관한 책을 쓰는 것도 좋다. 전임전도사 때 그렇게 튼실하게 독서하고 책을 쓰고 준비를 해놓으면 담임 목회를 할 때 반드시 꽃을 피우게 될 것이니 말이다.

교육전도사는 책으로
믿음 백년대계를 쓴다

교육전도사는 말 그대로 교회 내에서 교육을 담당하는 전도사이다. 유치부에서부터 중고등부, 청년부까지의 교회 교육을 책임지는 신학 재학생들을 보통 교육전도사라고 부른다. 극동방송을 듣다 보니 2015 년 현재 교회학교가 없는 교회가 70% 이상이 된다는 충격적인 뉴스를 듣게 되었다. 그러한 의미에서 아이들의 미래와 신앙을 책임지는 교육 전도사의 역할과 책임은 새삼 중요해져야 한다고 본다. 내가 교육전도 사로서 목회자의 첫 발걸음을 띄던 1980년대 하고는 너무나 다른 상황 과 한국교회의 현실인 것 같다. 그럼에도 불구하고 교회학교는 다시 부 흥할 수 있다는 믿음과 꿈을 가져야 할 것이다.

중견 목회자가 된 누구나가 다 그렇듯이 나의 목회자로서의 첫 출발 도 1987년 경기도 오산의 오산교회에서 중고등부, 청년부 지도 전도사 로서 첫 발걸음을 띄었다. 그때는 갓 신학대학을 입학하고 적응하는 20

대의 풋풋한 젊은 총각 전도사였다. 오산의 오산교회에서 1년, 그리고 서울의 남대문교회에서 중고등부 교육전도사로서 3년, 그렇게 4년간 나는 교육전도사로서 사역을 하였다. 지금 돌이켜 생각해보면 모든 것이 어설픈 시절이었다. 그중에서도 한 가지 유독 아쉬운 점은 누군가 나에게 책 쓰는 방법을 그때부터 알려주었더라면 좀 더 일찍 책을 쓰게 되지 않았을까 하는 아쉬움이다.

교육전도사는 이런 책을 써야 한다.

첫째로, 자신의 미래의 목회 빈전과 꿈을 담은 책을 출간함이 좋다. 교육전도사는 학교 공부와 주일에 교회 교육부서 사역을 병행하는 신학생이다. 엄밀한 의미에서 보면 목회자라기보다는 공부를 열심히 해야 하는 신학생에 더 가까운 것이 교육전도사이다. 그러나 장차 먼 미래를 그려볼 때 교육전도사 시절부터 미래의 목회 비전을 담은 책을 쓴다는 그 책 한 권이 자신의 목회의 미래를 밝게 준비해주는 책이 될 것이다.

둘째로, 교육전도사는 교회교육에 대한 구체적인 비전과 꿈을 담은 책을 출간해 보는 것도 장차 교회교육의 전문가로서 자리매김하는 데 좋다. 책을 씀으로 인해서 교육전도사 시절부터 교회 교육에 대한 심도 있는 전문성을 확보하여 장차 자신의 미래에 좋은 결과를 가져올 것이다.

셋째로, 교육전도사가 써야 할 책은 교회학교와 가정의 연결선에서 가정과 교회를 연구하여 깊이 있는 책을 내는 것도 좋다.

넷째로, 교육전도사 때는 미래를 위해 기도를 많이 해야 할 때이므로 기도에 관한 심도 있는 책을 써보는 것도 좋다.

　가정 사역자들이 하는 말로 '아내가 살아야 가정이 산다'라는 말이 있듯이, 한국교회가 다시 살아나고 부흥하려면 교육전도사들이 살아야 한다고 말하고 싶다. 왜냐하면 교육전도사는 교회의 미래와 새싹들인 어린이부터 중고생, 청년들을 책임진 사람들이기 때문이다. 새싹이 튼튼해야 그 새싹이 큰 나무로 자라고 많은 열매를 맺을 것이므로.

장로, 권사, 집사는 책으로
믿음의 고백을 쓴다

　　장로, 권사, 집사는 주님의 몸 된 교회 공동체를 형성하는 뼈대와 같은 직분이고 역할도 크다. 집으로 말하면 기둥과 석가래 같은 존재라고도 할 수 있겠다. 교회 안에서는 목회자를 도와서 교회를 세워가는 역할을 하지만 장로, 권사, 집사 중에는 사회적으로 큰 역할을 감당하며 존경받는 분들이 많이 있다.

　　그런데 그분들이 귀중한 직분과 역할임에도 불구하고 책을 써서 기록을 남기신 분들은 많지 않다. 그래서 이 글을 쓰면서 교회에서 중추적인 역할을 하고 있는 장로, 권사, 집사 직분의 소중한 분들이 책을 쓰고 남기는 일에도 중추적인 역할을 감당해 주었으면 하는 마음이다.

　　장로는 이런 책을 써야 한다.

　　장로는 목회자를 도와 교회 공동체를 신실하게 세워가는 분들이다. 사회적으로는 큰일을 감당하면서 존경받는 분들이 많다. 얼마 전 포항

극동방송에서 〈통일을 앞당겨 주소서〉 프로그램을 녹음하기 위해서 한 동대 최용준 교수를 인터뷰하고, 최용준 교수의 인도로 포항에 있는 한 동대학교를 방문한 적이 있다. 그곳에서 몇 분의 귀한 교수님들을 만나고 한동대 설립과 그동안의 한동대 이야기를 듣게 되었다. 그러면서 한 동대 초대 총장을 지낸 김영길 장로의 이야기를 듣게 되었는데 듣는 내 내 존경심이 들면서 감동을 받게 되었다. 한동대를 시작하고 발전시켜 가는 과정 속에서 겪은 모든 어려움을 믿음으로 기도하면서 감내하는 김영길 장로의 모습을 보면서, '장로는 사회 속에서 이렇게 사는 분들 이구나' 하는 생각을 하게 되었다. 김영길 장로의 한동대 이야기는 『신 트로피 인생』이라는 김영길 장로의 책을 통해서 자세히 알 수 있다.

김영길 장로뿐만 아니라 주중대사를 지낸 김하중 장로의 이야기도 그 가 쓴 『하나님의 대사』를 통해서 우리는 잘 알고 있다. 『하나님의 대사』 를 읽어 보면 그가 다니엘처럼 국가의 업무에 얼마나 신실했고, 믿음의 장로로서 얼마나 신실한 기도의 삶을 살았는지를 잘 알 수 있다.

김영길 장로, 김하중 장로가 더 귀한 것은 그분들이 자신들의 삶을 책 으로 남겨서 많은 사람이 함께 은혜를 받고 따라갈 수 있도록 했다는 점 에 있다. 이름을 일일이 다 언급을 하지 않아도 한국교회 안에는 수많은 신실하고 훌륭한 장로들이 많이 있다. 그분들이 앞으로 그들의 삶의 전 문 분야와 믿음을 융합한 책으로 남겨서 더 많은 사람이 따라갈 수 있도 록 해주었으면 좋겠다.

권사는 이런 책을 써야 한다.

권사야말로 목회자를 도와서 교회 공동체를 세워가고 중보기도하고 심방하는 귀중한 직분이다. 수많은 권사의 수고와 헌신으로 한국교회가 여기까지 오지 않았나 싶다. 나도 91년 목사 안수를 받고 어머니 같은 권사님들의 사랑을 많이 받으면서 전임전도사, 부목사 시절, 그리고 담임목회를 할 수 있었음을 고백한다. 한국교회는 기도하는 권사님들의 기도로 이만큼 믿음의 역사를 쓰면서 여기까지 오게 되었다. 서울 용산구 후암동 영주교회에서 부목사로 시무할 때 원순기 권사가 남편 김광철 목사와 함께 결혼 60주년 기념으로 펴낸 『주님 함께 하셨네』라는 책은 두고두고 보면서 많은 은혜가 되는 책이었다. 그런 은혜로운 믿음의 책들을 권사님들이 많이 써냈으면 좋겠다.

네이버에 권사님 책을 검색해보니 몇 분의 책을 낸 권사님들의 이야기가 나온다. 『입술만 그리는 여자』의 저자 김명옥 권사, 『갈대상자』의 저자 김영애 권사, 『내가 산을 향하여 눈을 들리라』의 저자 김철례 권사, 『교인을 양육하는 행복한 권사』의 저자 김병태 목사는 권사의 직분이 교인을 양육하는 행복한 직분임을 목회자의 관점에서 쓴 책이다.

『다윗왕보다 행복해지려면』의 저자 천안 호두과자 심복순 권사님은 70년 동안 호두과자 가게를 하면서 얻은 수익금으로 선교사역에 앞장서 온 저자가 경험한 크고 작은 일화들을 통해 하나님의 사랑과 참된 믿음을 만날 수 있는 책이다. 권사가 책을 쓸 때 참고하면 좋은 책들이다.

집사는 이런 책을 써야 한다.

집사는 그리스어로 '종', '시중드는 자', '수종자'라는 뜻이다. 영어 표현으로는 'Deacon'이라고 한다. 공동번역 성서에서는 '보조자'로 번역하고 있다. 사도 시대 이후 교회에서 시중드는 중요한 직분 중의 하나이다. 사도행전 6:1-6에 의하면, 예루살렘 교회에서 예수의 열두 제자들의 보조자로 스데반 등 7명을 선택하여 임명하였다. 집사는 평생직인 항존 직 안수집사와 1년직인 서리집사로 구분된다. 집사는 교회 공동체 안에서 가장 많은 영역을 차지하고, 가장 많은 일을 담당하는 직분이 아닌가 싶다. 그러한 만큼 앞으로 집사들이 책들도 더 많이 남겨서 한국교회에 기여하기를 소망한다.

장로, 권사, 집사는 이런 책을 써야 한다.

이 부분을 한 장으로 묶은 이유는 '담임목사를 도와 교회 공동체를 세워가는 신실한 믿음의 사람들'이라는 공통점이 있고, 집사는 항존직인 안수집사의 경우 장로로서의 역할과 직분을 준비해가는 연장선에 있기 때문이다. 감리교에서는 장로교의 안수집사에 해당하는 직분을 권사라고 부른다. 책 쓰기를 미션의 관점에서 보더라도 장로, 권사, 집사는 가장 중요한 직분이라고 할 수 있다. 앞으로 장로, 권사, 집사의 책들이 많이 출간되기를 소망한다.

평신도는 책을 쓰면서
신앙이 튼실해진다

큰 의미로 보면 장로, 권사, 집사도 평신도이다. 그러나 이 장에서 필자가 '평신도'라는 제목으로 따로 글을 쓰는 이유는 '평신도'를 교회에 처음 출석한 새 신자 내지는 아직 서리집사 직분을 받기 전의 성도로 지칭하고자 한다. 세상에서 살다가 전도를 받고 또 예수를 구주로 고백하고 교회 공동체의 일원이 되었을 때, 여러 가지 생소한 것이 많을 것이다. 그러나 그 평신도 때에 오히려 교회와 세상을 균형 있게 볼 수도 있지 않을까 싶다. 교회에 오래 다닌 목사, 장로, 권사, 집사는 교회에 너무 익숙해서 오히려 교회를 잘 모를 수 있다. 그러나 갓 신앙생활을 시작하면서 교회 공동체의 일원이 된 평신도 성도는 사회에서의 삶을 보면서 교회는 어떻게 해야 한다는 것을 균형 있게 볼 수도 있다.

나는 최근에 감동적인 이야기를 책을 통해 읽게 되었다. 우리나라에서 자기계발 분야에서 최고의 권위를 자랑하는 120여 권의 책을 집필하여 출간한 공병호 소장의 간증이 담긴 『공병호의 성경공부』에 대한 책이었다. 그는 세상에서는 자기계발 분야의 최고의 권위자이다. 그러나 교회 공동체 안에서는 평신도이고 성도이다. 그렇기에 그의 교회를 보는 시야가 더 균형 잡힌 관점일 수 있다. 공병호는 『공병호의 성경공부』에서 자신이 믿음을 갖게 된 내용을 이렇게 말하고 있다.

"그러던 어느 날이었습니다. 믿음을 갖기 시작한 지 오래되지 않은 아내가 한 목회자의 동영상 설교를 들으면서 채소를 다듬고 있었습니다. 그동안 여러 번 아내 곁에서 목회를 들었습니다만 그저 좋은 이야기로구나 하는 생각이 고작이었는데, 그날은 웬일로 집중이 되는 것이었습니다. 그러다 불현듯 "여보, 바로 저게 진리였네!"라는 말을 툭 던지기까지 했습니다. 그렇게 저는 예수를 믿는 자의 대열에 들어서게 되었습니다."

이어 말하는 공병호 소장의 고백은 왜 평신도가 책을 써야 하는지에 대해 잘 설명해 주고 있다.

"세상에는 예수님이란 주제만을 놓고 평생을 공부하는 뛰어난 신학자들도 많고 새벽부터 밤늦게까지 예수님의 일을 맡아서 하는 훌륭한 목회자들도 많습니다. 그래서 굳이 평신도가 이런 책을 쓸 필요가 있는가라는 생각을 하기도 했습니다. 그러나 나름대로 숙고 끝에 매우 큰 의미가 있다는 결론에 도달했습니다. 목회자가 아니라 평신도의 입장에서, 오랫동안 하나님과 떨어져 있었던 사람 입장에서 느끼고 볼 수 있는 것도 많을 것이라고 생각했기 때문입니다. 오랜 영적 방황 후 그 방황의 끝자락에서 진리를 붙잡은 사람은 더 절실히 이를 전할 수 있다는 생각을 굳혔습니다."

공병호 소장의 말 그대로이다. 공병호 소장같이 새 신자인 평신도가 쓴 『공병호의 성경공부』 같은 책들이 더 많이 출간되어야 한다고. 새 신자인 평신도가 쓴 책들은 오히려 교회를 오래 다닌 목회자나 장로, 권사, 집사의 책보다 더 균형 잡힌 시야로 보면서 책을 쓸 수 있기 때문이다.

제 3 장

How? 실전 책 쓰기 10단계

| 서상우 |

책은 전달의 매개체이다. 결국 좋은 책은 어떤 내용을 어떤 식으로 잘 전달하느냐로 판가름이 난다. 우리는 종종 미디어를 통해 잘 포장되고 꾸며진 것보다 자신의 이야기를 진솔하게 꾸밈 없이 드러냈을 때 더 큰 감동을 받고 더 큰 공감을 얻는 것을 볼 수 있다. 이처럼 자신의 진솔한 경험을 바탕으로 어떤 주제를 드러냈을 때 더 많은 공감을 얻고 감동을 줄 수 있는 것이다.

책 쓰기 1단계
– 어떤 책을 쓸 것인가?

누구나 처음 책을 쓰겠다고 결심했다면 가장 먼저 생각하고 결정을 내려야 할 것은 바로 '무엇'을 쓸 것인지를 정하는 것이다. 쉽게 말하자면 어떤 '주제'를 담고 있는 책을 쓸 것이냐를 정해야 하는 것이다.

"어떤 책을 쓰세요?"

처음 만나는 사람과 인사를 나누고 직업이 작가라고 밝히면 가장 많이 되돌아오는 질문이 바로 "어떤 책을 쓰세요?"이다. 어떤 책을 쓰냐는 질문은 어떤 주제, 어떤 장르의 책을 쓰냐는 질문이기도 한데 작가라고 하자마자 가장 먼저 돌아오는 질문이 '어떤 책을 쓰세요?'인 것은 '어떤 책을 쓸 것이냐'가 가장 중요하고, 가장 우선시되어야 하는 요소이기 때문이다.

이렇게 책을 쓰는 것에 있어 '어떤 책을 쓸 것인지'는 가장 중요하고,

가장 먼저 정해야 하는 일임에도 불구하고 이것조차 쉽게 찾지 못하고, 정하지 못하는 사람들이 많다. 사실 어떤 책을 쓸 것인지를 정하는 것 자체가 이미 어떤 주제의 책을 출간하느냐를 정하는 일이기 때문에 신중하고 어려운 작업인 것은 분명하다. 그렇다 보니 어떤 책을 쓸 것인지를 결정하는 단계에서부터 지치고 포기해버리는 경우도 빈번하게 나오기도 한다. '역시 책은 아무나 쓰는 게 아닌가 보다' 라는 생각에 말이다.

하지만 이러한 결정은 여러 권의 책을 낸 작가들에게도, 이미 10권가량의 책을 출간한 나에게 있어서도 언제나 여전히 어려운 문제이다. 매번 다음 책의 콘셉트를 찾고 소재를 얻기 위해서 누군가는 여행을 다니기도 하며, 누군가는 다양한 책을 읽기도 한다. 다음 책의 소재를 찾지 못해 차기작까지 몇 년을 걸리는 경우도 있을 정도니 책의 주제와 소재를 찾는 일은 여간 쉬운 일은 아님은 두말할 필요가 없을 것이다.

처음 내가 책을 쓰려고 마음먹었을 때도 책의 주제를 확실히 잡지 못해 애먹었던 기억이 있다. 오랜 투병생활에 대한 이야기를 쓸까? 내면에 관한 이야기를 쓸까? 이런저런 고민으로 수십 번 원고를 뒤엎었던 경험이 있다. 주제를 정하는 데 도움이 될까 하여 수십 권의 책을 읽어보고, 명상을 하는 등 다양하고 다채로운 방법을 많이 시도해 보았다.

그렇게 해서 결국 쓰게 된 책이 바로 첫 번째 저서인 『이제 드림빌더로 거듭나라』였는데 자서전 형식의 자기계발서였다. 내가 첫 번째 책의 주제를 그렇게 잡은 데에는 분명히 그럴만한 이유가 있었다.

나는 어릴 적부터 오랜 투병생활을 해왔다. 덕분에 한참 친구들이 뛰어 놀고 있을 때 나는 방 안에 누워 책만 보고 있을 수밖에 없었다. 그리고 어린 나이 때부터 내가 왜 이런 삶을 살아야 하는 지에 대한 고민과 고찰의 시간을 많이 가졌다. 그 해답을 찾기 위해 절에도 들어가 보고, 교회에서 제자훈련도 받았다.

그러던 어느 날, 몇 시간 동안 깊은 기도에 빠져 있었는데 나는 울분을 토해내며 하나님께 화를 냈다.

"왜 제가 이토록 힘들어야 하는 것입니까? 왜 내게 이런 시련을 주시는 겁니까? 왜 그렇게 힘든 시간동안 나를 혼자 두셨나이까?"

이렇게 따졌던 것이다. 그렇게 내가 울면서 따지자 그 순간, 단 한 마디의 음성이 들려왔다.

"나는 언제나 너와 함께 있었느니라."

이 단 하나의 음성이 들렸고, 이 음성이 들리자마자 지금까지의 시간이 주마등처럼 스쳐지나갔다. 그리고 지금까지 이해가 되지 않았던 모든 일들이 순식간에 모두 이해가 되었다. 나는 그 기도를 통해 그제야 마음의 짐을 내려놓을 수 있었고, 편안해질 수 있었다.

나는 이런 나의 과정과 그 과정에서 깨달은 바를 책에 담고 싶었다. 하지만 내가 첫 저서의 주제를 이렇게 잡은 데에는 이것 말고의 이유도 있었다. 그것은 지금까지 출간된 책과는 확실한 차별화를 두고 싶다는 것이었다. 그리고 그 차별화로 생각한 것이 바로 나만의 사례였다. 어느 책에서나 볼 수 있는 유명한 사람들의 사례나 명언들이 아닌 나의 직접적인 사례와 경험에서 깨달은 명언들로 채우고 싶었다. 그래서 주제를 '드림빌더'라는 단어에 두고, 누구나 꿈꾸는 모든 것을 이룰 수 있다는 주제를 가지고 글을 써나갔던 것이다.

처음 책 쓰기에 도전하는 예비 작가분들에게 나는 언제나 자신이 하루 동안, 혹은 지금까지 가장 많은 시간을 투자하고, 많은 시간을 할애하고 있는 것을 첫 번째 책의 주제로 잡으라고 설명해 드린다. 그래야 자신만의 다양하고 차별화된 사례로 글을 채울 수 있고, 진정성이 잘 드러나기 때문이다.

책은 전달의 매개체이다. 결국 좋은 책은 어떤 내용을 어떤 식으로 잘 전달하느냐로 판가름이 난다. 우리는 종종 미디어를 통해 잘 포장되고 꾸며진 것보다 자신의 이야기를 진솔하게 꾸밈없이 드러냈을 때 더 큰 감동을 받고 더 큰 공감을 얻는 것을 볼 수 있다. 이처럼 자신의 진솔한 경험을 바탕으로 어떤 주제를 드러냈을 때 더 많은 공감을 얻고 감동을 줄 수 있는 것이다. 그렇기 때문에 자신이 가장 많은 시간을 할애하고, 가장 자주 접하며, 가장 잘 알고 있는 것을 주제로 삼으면 첫 책을 쓰기가 훨씬 더 수월해진다.

그렇다면 여기서 일반인이 아닌 크리스천이 첫 책을 쓸 때는 어떤 주제가 가장 좋겠는가? 바로 자신의 '간증'이다. 물론 모태 신앙인 크리스천도 많지만 모태 신앙인 크리스천에게도 하나님을 접하고, 하나님을 경험하게 되는 순간이 있다. 그리고 누구나 그 순간부터 많은 것들이 변하기 시작한다.

크리스천에게는 이러한 '간증'이 큰 공감대를 얻을 수 있고, 큰 감동을 줄 수 있다. 하나님을 만나기 전부터, 만나게 됐을 때, 그리고 만나고 난 뒤 바뀐 삶의 이야기가 많은 이들에게 하나님의 사랑을 전하고, 하나님의 영광을 전하는 데 있어 큰 다리 역할을 한다. 자신에게 일어난 일은 불신자에게는 호기심을 자극하고, 같은 크리스천에게는 큰 공감대를 얻게 해준다. 다름 아닌 자신이 하나님을 만난 이야기가 가장 큰 감동의 이야기가 되는 것이다.

주제와 장르는 앞서 말했듯이 여러 권의 책을 낸 작가들에게도 가장 어렵고 신중한 부분이다. 장르와 주제를 정하는 것은 책 전체의 색깔을 좌지우지하는 일이기 때문에 쉽게 정하고 쉽게 결정 내는 것은 오히려 성급한 일이다. 하지만 영감을 받고 주제가 정해지면 원고 자체는 술술 써나가지는 경우가 많다. 마치 작곡가가 갑자기 영감을 받아 곡 전체를 10여 분 만에 작곡해버리는 일처럼 말이다.

책의 색깔이 되고, 책의 중심이 되는 주제! 신중하면서도 차별화되는 주제로 책 쓰기의 첫 단추를 잘 낄 수 있도록 해야 할 것이다.

책의 중심이 되는 주제는 분명 중요하다. 하지만 주제를 정하면서 반드시 함께 검토해봐야 하는 부분도 있는데 그건 바로 책의 장르이다. 이 책이 어느 장르의 책이 될지를 먼저 정해야 하는데 책의 장르는 굉장히 다양하고 세부적으로 나뉘어 있다. 하지만 걱정할 필요는 전혀 없다. 온라인이든 오프라인이든 서점에 들어가 보면 굉장히 디테일하게 장르별로 책이 다 나뉘어 있으니 말이다.

소설/에세이/자녀교육/자기계발/인문/경제경영/청소년/건강/철학/외국어/아동/요리

이 외에도 장르는 다 나열을 할 수도 없을 만큼 다양하고 다채롭게 나뉘어 있다. 그리고 지금 이 순간에도 새로운 장르는 계속 생겨나고 있다. 요즘에는 퓨전형식이라 해서 한 장르에 국한되는 것이 아니라 여러 장르가 믹스된 복합장르도 나오기 때문에 현재의 장르 안에 국한될 필요는 없다. 다만 쓰려는 책의 주제를 뚜렷하게 하려면 메인이 될 장르는 반드시 정해놓고 가는 것이 필요하다. 아무리 디자인적으로 개성 있고, 색다른 집이라 할지라도 그 집의 콘셉트는 잡아줘야 하는 것처럼 말이다.

장르는 선택할 때는 가장 중심적으로 생각해봐야 할 질문이 있는데 그것은 바로,

'내가 무엇을 전달하려고 하는가?' 이다.

같은 내용으로 책을 쓰더라도 내가 전달하려고 하는 중심이 달라지면 책의 장르는 달라진다. 예를 들어 육아에 관한 책을 쓴다고 했을 때, 나만의 육아법이나 Tip에 대해서 책을 쓰려고 한다면 쓰려고 하는 장르는 '육아 자기계발서' 가 될 것이다. 하지만 아이를 키우면서 느낀 감정이나 에피소드 위주로 글을 쓰려고 한다면 그 장르는 '에세이' 가 되는 것이다.

물론 크리스천이 설교집이나 간증에 관한 책을 쓰면 그 장르는 '종교' 로 분류가 된다. 그런데 왜 장르에 대해서 굳이 이야기를 하고 있을까? 그것은 같은 내용이라 하더라도, 같은 장르라고 할지라도 전달하려는 중심이 달라지면 책의 주제 자체는 확연히 달라진다.

내가 성경을 잘 읽어야 한다는 종교 안에서도 자기계발 형식으로 쓸 것인지, 간증을 주제로 한 감동을 주는 수필형식의 글을 쓸 것인지, 설교집 형식으로 쓸 것인지는 분명히 정하고 책을 써야 한다.

장르는 그리 중요하지 않다. 하지만 가장 중심적으로 전달하려는 게 무엇인지는 분명히 정하고 책을 써야 한다. 집을 지을 때 주축이 되는 기둥을 세워두고 짓는 것처럼 책도 어떤 주제를 어떤 형식으로 쓸 것인지는 정해놓고 가는 것이 중요하다. 그래야 책에서 여러 가지에 대해서 이야기를 하더라도 중심, 즉 주제는 흔들리지 않는 책이 되는 것이다.

그렇지 않으면 책을 다 읽고 난 뒤 독자들은 '하고 싶은 말이 뭐야?' 라는 의구심이 들어버린다. 책은 결코 독자에게 그런 느낌을 줘서는 안 된다. 언제나 저자는 자신이 이 책을 왜 쓴 것인지에 대한 주제를 명확히 해줘야 한다.

당신이 쓴 책은 분명 이 책을 읽는 사람들에게 무언가를 전달할 것이다. 그리고 적든 많든 영향을 끼칠 것이다. 이때 당신은 무엇으로 어떤 영향을 끼칠 것인가? 이것을 명확하게 하는 것이 바로 주제와 글의 형식을 정하는 일이다. 이렇게 생각한다면 결코 가볍게 주제와 형식을 정할 수는 없을 것이다.

하지만 그렇기에 기분 좋고 설레는 마음으로 주제와 형식을 정해보자. 이 책이 나왔을 때 얼마나 많은 사람에게 선한 영향력을 끼칠 것인지, 이 책을 읽은 많은 사람이 얼마나 감동을 받고 행복해할 것인지를 떠올려보면서 행복한 마음으로 말이다. 책을 쓰는 일은 바로 거기에서부터 시작되는 것이다. 내가 쓴 책이 얼마나 많은 사람을 행복하게 할 것인지, 얼마나 많은 사람에게 하나님의 사랑을 전할 것인지부터.

자, 이제 그 기분 좋은 시작을 이 책과 함께 시작해보도록 하자!

책 쓰기 2단계
−책에 이름을 붙여주자

1단계에서는 어떤 주제의 책을 쓸 것인지, 어떤 형식을 기본 틀로 잡고 책을 쓸 것인지에 대해 설명했다. 그리고 이번 단계에서는 그 주제와 틀에 맞는 책의 제목을 정해보려고 한다. 책의 제목은 물론 나중에 제작 단계에서 수정될 수도 있다. 하지만 가제로라도 제목을 잡고 책을 쓰지 않으면 이 책 전체의 색깔이나 주제가 흐트러질 수 있기에 반드시 가제로라도 책의 이름을 정해주고 집필하는 것이 좋다.

하나님이 창조하신 모든 생명, 그리고 사물에도 각자의 이름이 있다. 모든 존재는 그 이름을 불림으로써 그 존재감을 드러낸다. 사람도 마찬가지이다. 이름이 없는 사람은 그 존재감을 드러낼 수 없다. 우리는 종종 미디어를 통해 자신의 이름을 잃어버리거나 도둑맞은 사람들이 얼마나 힘든 고난을 겪게 되는지를 본 적이 있다. 이처럼 이름이라는 것은 공기처럼 당연한 듯해서 소중한 줄을 모르지만 없으면 안 되는 필수적인 요소인 것이다. 그리고 우리는 이제 모든 사물에게 이처럼 가장 중요한 요소 중 하나인 이름을 원고 집필 전에 먼저 붙여줄 것이다.

책의 제목은 책의 존재감을 주는 동시에 책의 첫인상으로 남는다. 좀 더 현실적으로 접근하자면 책의 제목은 책의 판매율과도 직접적인 연관이 있다. 온라인 서점이든 오프라인 서점이든 독자들이 책을 선택할 때 가장 먼저 보는 것이 바로 '책의 제목'이기 때문이다. 책이 아무리 좋은 내용을 담고 있다 하더라도 읽어주는 이가 없으면 그 책은 빛을 발하지 못하고 사장되어버리고 만다.

세상에 좋은 책은 널리고 널렸다. 하지만 우리가 아는 좋은 책은 우리가 알고 있고, 읽은 책들이다. 우리가 알고 읽은 책 말고도 좋고 좋은 수십만 권의 책들이 세상에는 널려있다는 소리다. 좋은 책임에도 독자들에게 읽혀보지도 못하고 사장되어 있는 것이다.

지금도 하루에 수십 권의 새로운 책이 출간되고 있는데 심혈을 기울여 쓴 나의 책이 이런 식으로 사장되게 할 수는 없는 노릇이다. 그렇기에 독자들의 눈길이 가는, 흥미를 유발할 수 있는 제목을 정해야 한다.

책의 제목을 정할 때는 가능한 자극적이고, 세련되게 하는 것이 좋다. 책의 제목에도 시대적인 흐름이 있기 때문에 요즘 유행하는 단어나 시대적인 흐름에 맞는 제목으로 구상하는 것이 좋다.

예전에는 '웰빙'이란 단어가 한참 이슈였다. 그 무렵 '웰빙'을 넣은 제목의 책들이 수두룩 쏟아져 나왔다. 그리고 얼마 전까지만 하더라도

'힐링' 이란 단어가 유행하면서 또다시 '힐링' 을 넣은 제목의 책을 쏟아져 나오기도 했다. 이처럼 책의 제목은 시대적으로 핫이슈가 되는 단어를 넣는 경우가 많은데 이것은 비단 책의 판매율만을 보고 이렇게 하는 것은 아니다.

책은 작가의 만족을 위해 쓰는 것만은 아니다. 작가 자신을 만족하기 위해 쓰는 글이라면 일기나 쓰면 될 것이다. 하지만 우리가 굳이 쓴 글을 책으로 내는 것은 나 자신뿐만 아니라 이 책을 읽는 독자들에게 영향을 끼치고 싶기 때문이다. 그렇다면 현재 독자들의 취향과 바람을 만족시키는 것도 염두를 해야 하는 것이다. 그렇기 때문에 제목을 지을 때는 시대적으로 이슈가 되는 단어나 말투 등도 고려를 해야 한다. 독자의 니즈(Needs)를 파악해야 한다는 것이다.

책의 제목을 정할 때 또 하나의 팁(Tip)이 있는데 이것은 바로 유명한 책의 제목을 패러디하는 것이다. 이 방식은 지금까지도 많은 출판사에서 마케팅 차원에서 많이 쓰는 방법 중 하나인데, 이렇게 하는 이유는 이미 기존의 유명한 책이 갖고 있는 인지도를 빌려올 수 있기 때문이다.

예를 들어 김난도 작가의 『아프니까 청춘이다』가 큰 사랑을 받자 비슷한 제목의 책들이 줄을 이어 출간되었다.

『아프니까 마흔이다』

『아프니까 사랑이다』

『아프니까 청춘이 아니다』

이런 식으로 김난도 작가의 『아프니까 청춘이다』를 패러디한 책들이 많이도 출간되었다. 이런 식으로 유명한 책의 제목을 패러디하여 출간하는 것은 요즘은 오프라인보다 온라인 서점을 통해 책을 구입하는 경우가 더 많은데 온라인 서점에서 인지도가 있는 책을 검색하게 되면 그 제목을 패러디한 제목의 책도 함께 검색되기 때문이다. 검색 창에 '아프니까'를 검색하면 김난도 작가의 『아프니까 청춘이다』뿐만 아니라, 『아프니까 마흔이다』, 『아프니까 사랑이다』, 『아프니까 청춘이 아니다』 등등의 책들도 함께 검색이 되는 것이다.

유명한 책이 가지고 있는 인지도를 빌려오는 이런 방식은 지금까지도 출판사에서는 즐겨쓰는 방법 중 하나이다. 제목에는 저작권이 없기 때문에 법적으로도 전혀 문제가 되지 않음으로 제목을 정하기가 어려울 때는 이런 방식도 좋은 대안이 될 것이다.

하지만 나는 여기서 한 가지 더 제안을 하고자 한다. 바로 기도를 하는 것이다. 사실 어떤 제목이든, 어떤 것이든 하나님께서 주시는 것이 가장 좋은 것 아니겠는가? 세련되고 자극적인 제목도 좋고, 유명한 책의 제목을 패러디하는 것도 좋지만, 가장 좋은 제목은 하나님께서 주시는 제목일 것이다. 그러니 언제나 주제를 정하든 제목을 정하든 일에 착수하기 전에 기도를 하고 진행하는 것이 좋다. 가장 좋은 건 언제나 그분에게 있는 것이니 말이다.

제목은 내 책의 첫 이미지가 된다. 말 그대로 첫인상이 되는 것이다. 그렇기에 자녀가 태어나 이름을 지어줄 때처럼 내 책이 더 많은 사람들에게 불리고 읽혀질 수 있도록, 그리하여 더 많은 사람들에게 큰 사랑을 받을 수 있도록 기도하여 신중하게 정하도록 하자. 이름은 곧 생명을 불어넣는 일과 마찬가지이니 말이다.

책 쓰기 3단계
- 목차는 책 쓰기의 반이다

앞서 책의 이름인 제목을 정했다면 이제 해야 할 것은 바로 목차를 정하는 것이다. 제목과 목차는 원고 집필만큼, 아니 그보다 더 중요한 요소이기도 하다.

수많은 책 중에서 눈에 확 들어오는 제목의 책을 손에 들고, 손에 든 책의 목차를 보고 책의 전체적인 내용을 검토한다. 이것이 독자가 책을 구입할 것인지를 결정하는 대부분의 방법이다. 이렇게 책의 제목과 목차는 실질적인 책 판매 부수와 직결되는 것이기에 결코 가볍게 여겨서는 안 된다. 앞서 언급했듯이 책은 읽혀야 가치가 있는 것이니 말이다.

제목을 정해졌다면 이제 그 제목에 맞는 목차를 짜는 일이 남았다. 목차는 책 쓰기의 반이라고 할 만큼 책 쓰기에서 큰 비중을 차지하고 있는데 목차는 기본적으로 책 전체를 구성하는 틀이 되어 준다. 틀이 제대로 짜여 지지 않으면 디테일하고 섬세한 작업을 할 수 없는 것처럼 목차도 제대로 나오지 않으면 쓰면서 순서나 흐름이 엉망진창인 책이 되어 버리기도 한다.

목차가 나오게 되면 책의 분량도 정해지게 되며, 목차에 따른 책 집필 기간과 세부적인 부분도 정할 수 있게 된다. 나의 경우에는 목차가 잘 나오면 원고 집필 자체가 수월하게 빨리 되며, 목차에 애를 먹는 경우는 집필에도 애를 먹는 경우가 많았다. 사실상 목차만으로 이 책은 어떤 책인지가 결론이 난다고 해도 과언이 아닌 것이다.

게다가 목차는 독자로 하여금 구입으로 이끄는 직접적인 요소가 되기 때문에 더욱 신중을 기해야 한다. 앞서 독자들이 제목에 이끌려 책을 들었다면, 책의 전체적인 흐름을 파악하기 위해 그다음으로 보는 것은 바로 목차이기 때문이다. 목차를 보면 책의 전체적인 느낌이나 흐름을 알 수 있기 때문에 목차의 느낌에 따라 책의 구입여부가 결정 난다고 봐야 한다. 게다가 온라인 서점이든 오프라인 서점이든 목차까지는 확인을 할 수 있기 때문에 목차는 구입으로까지 이어지는 요소임은 부정할 수 없다.

목차를 구성할 때는 독자들이 목차만 봤을 때도 책의 전체적인 흐름이 파악되어야 하며, 그 목차만으로도 기승전결의 흐름이 느껴질 수 있어야 한다. 책 쓰기 수업을 할 때 기승전결의 흐름으로 목차를 구성하라고 말해드리면 대부분 마지막 장을 결로 내시는 분들이 많이 계신다.

하지만 여기서 명심해야 될 것은 기승전결의 결에 해당하는 장은 늘 마지막 장의 앞 장에 넣어주는 것이 좋다는 것이다. 마지막 장을 결로

해서 바로 끝내버리면 뭔가 모르게 급하게 마무리된 듯한 느낌을 주기 때문에 마지막 장은 결이 아닌 처음과 전체를 아우르는, 정리하는 장으로 마무리하는 것이 좋다.

마지막 장을 결이 아닌 정리하는 장으로 들어가는 또 다른 이유는, 책을 읽을 때 그 자리에서 한 권을 모두 읽는 독자는 잘 없기 때문이다. 보다가 덮고, 또 시간이 될 때 이어서 읽고, 이런 식으로 한 권을 다 읽는다. 대부분의 독자가 이런 식으로 책 한 권을 읽는다. 이런 식으로 한 권을 다 읽게 되면 한 권을 다 읽었을 때 책 처음에 읽었던 부분은 제대로 기억이 나지 않는 경우가 많은데 그렇기 때문에 마지막 장에서는 처음과 끝을 다시 정리하는 장으로 해야 하는 것이다. 그래야 책의 전체가 다 기억에 남게 되고 독자들은 한 권을 알차게 읽었다는 느낌을 받게 된다. 더불어 저자가 전달하려는 메시지도 오랫동안 기억할 수 있고 말이다.

목차가 중요한 또 다른 이유는 목차가 저자와 독자들에게만 영향을 끼치는 것이 아니기 때문이다. 목차는 내가 쓴 원고가 책으로 나올 수 있을지 없을지를 판단하는 역할을 하기도 하는데, 이는 독자들이 책을 구입할 때 목차를 보고 선택을 하듯이 이 원고를 책으로 출간할지를 검토하는 출판사에서도 목차만으로 결정을 내리는 경우가 굉장히 많기 때문이다.

출판사에서는 하루에도 몇 개, 많게는 몇십 개의 원고가 투고된다. 출판사 입장에서는 이 모든 원고를 하나하나 다 읽어보고 출간여부를 판단하진 못한다. 물론 시간을 오래 두고 원고를 하나하나 꼼꼼히 읽어보는 출판사도 있겠지만 많은 출판사가 저자의 프로필과 책의 목차만으로 출간 여부를 판단하고 있는 것이 실상이다. 이렇듯 독자가 책의 전체적인 내용을 목차로 판단하듯이 출판사도 목차만으로 출간 여부를 판단하기도 하기에 목차는 책 전체의 주제에 맞게, 또 그 주제에 맞게 흐름이 자연스럽게, 마무리는 깔끔하게 작성하는 것이 중요하다.

목차는 4개에서 8개의 큰 장으로 구성하고, 큰 장에 들어가는 각 꼭지는 5개에서 10개로 설정하는 것이 일반적이다. 나의 네 번째 출간 저서인 『꿈꾸는 모든 것이 이루어진다』의 목차 역시 그런 일반적인 목차의 틀 안에서 구성했다.

『꿈꾸는 모든 것이 이루어진다』의 목차

　큰 장 6개와 5~6개의 꼭지로 구성하였다. 그리고 앞서 설명한대로 마지막 장은 처음과 끝을 정리하는 장으로 마무리를 하였다. 물론 꼭 목차를 이 틀 안에서 짜야 하는 것은 아니다. 단지 처음에는 이 틀 안에서 기승전결과 마무리하는 장으로 익숙해지는 것을 추천한다. 그리고 이 틀에서 익숙해지면 이제는 틀을 벗어나 더 자유롭고 개성 있는 글을 써 보길 바란다.

처음 목차를 구성하려고 하다 보면 많이 어렵고 힘든 것이 사실이다. 그럴 때는 다른 책의 목차를 참고하여 그 틀을 빌려 써도 괜찮다. 우리가 잘 아는 베스트셀러 작가들도 처음에는 그렇게 시작했고, 그렇게 수정을 거듭하며 그 자리에 올라왔으니 말이다. 멋진 목차가 나왔다면 책 쓰기의 큰 고비는 다 넘어온 것이나 다름없다. 그러니 열정과 자신감을 가지고 멋진 목차를 기획해보도록 하자. 멋진 목차만큼 멋진 책이 나올 것이니 말이다.

Tip.

잠시 목차를 짤 때의 개인적인 팁을 하나 알려드리자면 개인적인 방법이지만 나는 항상 목차를 짤 때 기도를 드리고 영감을 받아서 목차를 짠다. 그렇게 하지 않고 몇 날 며칠 동안 머리를 싸매고 억지로 목차를 짜내면 원고 한 꼭지, 한 꼭지가 진행이 되지 않아 덮는 경우가 대부분이었다. 하지만 기도를 드리고 영감을 받아 20여 분 만에 목차가 나오면 원고 집필에도 수월하여 금방 원고를 끝내곤 했다.

실제로 최근에 출간된 『압둘라와의 일주일』이란 책은 기도를 드리고 영감을 받아 천지창조를 모티브로 목차를 7장으로 나눴고, 원고도 하루에 1장씩 집필하여 초고를 일주일 만에 끝냈다. 그리고 책으로 출간된 뒤 책을 다시 봤을 때 '내가 이런 말을 했었나?' 라는 생각이 드는 문구가 꽤나 많을 정도로 그 책은 영감으로 쓴 책이었다. 그래서 나는 새로운 책의 주제와 목차를 정할 때는 언제나 항상 기도를 먼저 드린다. 새로운 영감과 목차를 달라고 말이다.

크리스천이라면 이러한 방법으로 책의 주제와 목차를 정하는 것도 좋지 않을까? 책 역시 내가 쓰는 것이 아닌 하나님이 임하여 나를 통해 쓰시는 것이니 말이다.

책 쓰기 전 기도! 식전 기도만큼 중요한 것이다!

책 쓰기 4단계
- 출간계획서를 붙여라

　지금까지 책의 주제와 장르를 정하고, 제목과 목차를 짰다면 이제 정말 집필만이 남아있다. 하지만 나는 여기서 바로 집필에 들어가기 전에 계획을 짜서 집필에 들어가기를 권한다. 마치 학창시절에 방학 때마다 짰던 방학계획표처럼 말이다.

　출간계획서는 반드시 해야 하는 필수조건은 아니다. 하지만 이 계획서를 작성하고, 계획서대로 계획 있게 집필을 하라고 말하는 이유는 집필은 결국 자신과의 싸움이기 때문이다. 처음 책을 쓰는 대부분의 사람들이 전문적으로 글을 써본 사람들이 아니다. 갑자기 모든 일을 내려놓고 전업 작가로 뛰어든 사람들이 아니라는 소리다. 그렇기 때문에 매일매일 규칙적으로 글을 쓰는 것은 굉장히 어렵다.

　막상 책을 쓰려고 하면 쓸 시간도 없고, 쓰지 못하게 하는 이런저런 일들이 계속해서 발생하게 된다. 글을 쓰려고 하면 꼭 무슨 일이 생기고, 글을 쓰려고 하면 꼭 누군가가 부른다. 이런 식으로 이 일 저 일 때문에 글을 쓰는 일은 언제나 뒷전이 되어 버리고, 그러다 보면 처음 계획한 날짜는 훌쩍 넘어가 버리기 일쑤이다.

그런 식으로 시간이 점점 지나게 되면 결국 작가가 되겠다던 그 뜨거운 열망은 가라앉기 마련이고 작가의 꿈은 또다시 머나먼 남의 얘기가 되어버리고 마는 것이다. 이러한 일을 미연에 방지하기 위해서라도 출간계획서를 작성하여 작성한 출간계획서를 잘 보이는 책상 벽에 딱 붙여놓고 꼭 계획서대로 집필하도록 하는 것이다.

게다가 출간계획서에 작성한 계획대로 집필하는 것이 익숙해지면 훗날 작가가 되고 나서 칼럼이나 책 집필 의뢰를 받게 된다하더라도 무리 없이 약속한 그 날짜까지 원고를 소화할 수 있기 때문이다. 간혹 작가로 데뷔하고 나면 언론사 쪽에서 칼럼 요청이 오기도 하고, 출판사에서 집필 의뢰가 오기도 하는데 실제로 내가 책을 5여 권 출간했을 때 출판사에서 맹자에 관한 책을 써달라고 의뢰가 왔었고, 약속한 기간(3달)까지 원고를 집필하여 넘겨준 경험이 있다. 그렇게 해서 나온 책이 바로 『맹자의 인생수업』이다.

사전에 기간에 맞춰 글을 쓰는 것에 익숙해져 있지 않았다면 나 역시 그런 좋은 기회를 잡진 못했을 것이다. 그러니 출간계획서를 작성해두고 그 기간 안에 쓰는 연습이 되어 있지 않으면 이런 좋은 기회가 온다 하더라도 일정에 맞춰 쓰는 것이 부담스러워 그 기회를 놓쳐버리게 된다. 이러한 일에 대비하는 차원에서도 출간계획서를 작성하고 계획서대로 집필하는 것에 익숙해지는 것은 매우 중요한 일이다.

출간계획서라고 해서 특별한 양식이 있는 건 아니다. 대부분 아래의 양식을 따르긴 하지만 여기서 자신이 필요한 부분을 가감해도 상관은 없다.

출간계획서

1. 가제: 책의 주제를 담고 있는 책의 제목을 쓰면 된다. 제목만 봐도 이 책이 어떤 내용일지 알 수 있는 것이 좋으며 독자의 흥미를 유발할만한 조금 자극적인 제목이면 더 좋다.

2. 출간 의도: 이 책을 어떤 목적으로 쓰는지에 대해 자세히 작성한다. 같은 장르의 이미 출간된 책과의 차별화된 독창성을 같이 작성하는 것이 좋다.

3. 출간 시기: 책의 출간 시기는 언제가 적당할지에 대해 자신의 의견을 쓴다. 책의 주제에 따라 출간되는 시기도 고려해보는 것이 좋다.

4. 타깃 독자: 책의 주제에 가장 부합되고 어필할 수 있는 독자층을 선별한다.

5. 책의 콘셉트: 책의 내용과 주제에 대해 압축적으로 적는다. 각 장이 담고 있는 주제와 전체적인 주제에 대해 적는다.

6. 마케팅 전략: 책이 출간된 이후 작가 자신이 어떤 식으로 마케팅을 할 것인지를 작성한다. 출판사 입장에서도 마케팅을 출판사에게만 맡기는 것보다 작가가 함께 강연이나 SNS 등으로 마케팅에 나서준다면 좋은 이미지를 심어줄 수 있다.

7. 경쟁 도서: 자신이 정한 주제로 이미 출간되고 판매되고 있는 책들을 작성한다. 이는 자신의 책이 그들의 책과 같지만 다른 차별화된 것을 부각시키는 동시에 어떤 콘셉트인지 한 번에 알아볼 수 있게 한다.

8. 집필 기간: 원고를 언제 시작하여 언제 마칠지에 대한 계획을 작성한다.

9. 저자 프로필: 저자만의 스펙을 부각시켜 작성하는 것이 좋다.(저자 프로필의 작성법에 대해서는 추후 다시 설명하겠다.)

10. 출판사에게 하고 싶은 말: 출판사에 바라는 점이나 고려해 주었으면 하는 내용을 적으면 된다.

크게 10가지로 양식을 나눴지만 이 10가지가 필수요소는 아니다. 여기서 자신이 필요로 하는 부분을 가감해도 크게 상관은 없다. 다만 가장 중요한 것은 자신이 적은 계획서대로 집필을 하고 진행을 하는 것이다. 처음 계획했던 주제와 어긋나지 않도록, 집필 기간을 오버하지 않도록 말이다.

출간계획서를 교회를 짓기 전에 그리는 설계도라고 생각해보자. 아무리 훌륭한 교회도 설계도가 제대로 나오지 않으면 제대로 된 교회를 지을 수 없다. 허나 설계도가 디테일하게 잘 나오면 그 설계도만을 따라 교회를 지으면 당연히 훌륭한 교회가 지어지게 된다. 이처럼 출간계획서를 꼼꼼하게 잘 작성하여 출간계획서대로 집필하게 되면 그 책은 이미 훌륭한 책이 되는 것이다.

그리고 우리가 교회를 짓기 전에는 언제나 강력한 믿음을 먼저 세운다. 이처럼 책을 쓰기 전에도 이 책에 대한 확신과 믿음을 먼저 세워야 한다. 이 책이 분명 많은 사람에게 선한 영향력을 행사할 것이라는 믿음을 말이다.

출간계획서를 쓰는 일은 분명 귀찮고 필수적인 작업이 아닐 수도 있다. 하지만 그럼에도 출간계획서는 반드시 작성해 보길 바란다. 그래야 뼈대 있는 책을 쓴다는 느낌을 받을 수 있고, 할 수 있다는 자신감도 생기게 된다. 목차를 완성했다고 해서 지금 바로 원고 쓰기에 착수하기보다 먼저 출간계획서를 작성하고 완성된 출간계획서를 자신의 책상 위에 붙여두고 그 계획서를 매일 보면서 자신감이 충만한 상태로 만든 다음 원고 쓰기를 시작하도록 하자. 그래야 책이 완성되고 난 후에도 이 책은 좋은 책이라는 확신과 자신감을 가질 수 있다.

급할수록 돌아가라는 말처럼 빨리 집필하고 원고를 끝내야 책이 나온다는 급한 마음보다, 원고 쓰기 전 다시 한 번 전체적인 출간계획을 정리해보면서 좋은 책을 집필할 만반의 준비를 마치도록 하자.

책 쓰기 5단계
– 초고는 크로키다

이제는 본격적으로 미리 짜놓은 목차에 따라 원고를 집필한다. 가장 처음 집필하는 원고를 '초고'라고 하는데 초고를 쓰면서 항상 염두 해야 하는 것은 초고는 대충 써야 한다는 것이다. 대충이란 말의 의미는 다르게 말하자면 크로키를 그리듯 윤곽만 나타낼 수 있도록 빠르게 집필해야 한다는 것이다.

인간은 망각의 동물이다. 우리가 받은 영감과 기억은 그리 오래 가지 않는다. 금방 잊어먹고, 금방 기억에서 사라진다. 그렇기 때문에 주제와 목차를 짤 때 받은 영감을 잃지 않으려면 최대한 빨리 초고를 끝내야 한다. 원고 한 꼭지, 한 꼭지에 너무 매달려 있다 보면 뒷 원고의 영감을 다 놓쳐버리게 되어 쓰면 쓸수록 처음 의도한 바와 다르게 흘러가기 일쑤이다.

절대 초고에 많은 시간을 둬서는 안 된다. 완벽한 초고는 어디에도 없다. 결코 그런 초고는 존재하지 않는다. 초고에 모든 것을 완벽하게 하려고 하면 글을 고치다가 세월은 다 흘러가 버린다. 그리고 초고가 끝난다고 해서 바로 책으로 나오는 것도 아니기 때문에 처음부터 초고를 완벽하게 쓴다는 생각 자체는 버리는 것이 좋다.

물론 초고를 잘 써서 별로 수정할 것이 없다면 좋긴 하겠지만, 초고에서 수정 없이 책을 낸다는 것은 어불성설이다. 말도 안 되는 소리다. 그것은 기만이자, 자만이다. 그러니 그런 생각은 애초에 버리고 쓰는 것이 좋다.

『노인과 바다』의 저자 어니스트 헤밍웨이(Ernest Hemingway)는 초고에 관해 이런 말을 했다.

"모든 초고는 쓰레기다. 글을 쓰는 데에는 죽치고 앉아서 쓰는 수밖에 없다. 나는 『무기여 잘 있거라』를 마지막 페이지까지 39번이나 수정했다."

세계적으로 모르는 사람이 없는 거장 헤밍웨이도 초고를 39번이나 수정했다고 한다. 그뿐만 아니라 세계적으로 저명한 어느 작가든 초고만으로 책을 출간하는 작가는 없다. 어떤 작가든 초고를 완성시킨 뒤 고쳐 쓰기를 수십 번, 수백 번 반복하는 것이다. 이 말인 즉, 초고는 수정자체를 안 할 수가 없단 것이다. 당신이 아무리 초고에 시간과 노력을 기울여도 말이다.

어차피 수정을 할 원고에 무엇 때문에 그렇게 오랜 시간을 들이겠는가? 서둘러 초고를 다 끝내놓고 탈고에서 시간과 노력을 기울이면 되는데 말이다. 초고 작업에서부터 너무 완벽한 책을 쓰려고 애쓸 필요는 없다. 오히려 초고 작업이 너무 길어지면 앞서 말한 것처럼 지쳐간다. 하지만 일단 초고를 완성시키게 되면 너무 뿌듯하고 해냈다는 성취감으로 무척 기분이 좋아진다. 벌써 책이 다 완성되었다는 기분까지 들며 할 수 있다는 자신감도 충만해지게 된다. 그러면 수정작업인 탈고에서도 박차를 가할 수 있는 힘이 생기게 된다.

나무를 본다고 생각해보자. 나무를 눈에 담기 위해 한 그루, 한 그루를 너무 가까이에서 보려고 하면 나무 한 그루도 제대로 눈에 담을 수가 없다. 하지만 좀 멀리 떨어져서 숲 전체를 보게 되면 나무는 자연히 모두 담기게 된다.

이 말은 무슨 말일까? 어느 화가가 초상화를 그린다고 가정해보자. 화가마다 그리는 순서가 다를 수도 있고, 그리는 스타일이 다를 수도 있겠지만 일반적으로 얼굴 전체의 구조와 대략적인 큰 스케치를 먼저 그린 다음 눈, 코, 입 등 디테일한 부분을 그린다. 숲을 그릴 때는 어떠한가? 처음 그릴 때부터 나무 한 그루, 한 그루를 디테일하게 그려나가진 않는다. 숲의 전체적인 구도와 느낌을 먼저 잡고 그 후에 디테일한 작업을 한다.

초고를 쓸 때도 이것과 마찬가지로 생각해야 한다. 처음부터 한 꼭지, 한 꼭지를 세밀하고 꼼꼼하게 쓰는 것보다 먼저 자신의 머릿속에 구상

해놓은 전체적인 느낌을 스케치를 한 뒤에 한 꼭지씩 다듬어 가는 것이 전체적인 흐름을 잡아가는 데 더 효율적이다.

예를 들어, 당신이 책 한 권으로 전체 40꼭지를 구상했고, 하루에 한 꼭지씩 집필하기로 마음을 먹었다. 처음에야 하루에 한 꼭지 정도씩 쓰는 것쯤이야 어렵지 않을 것이라 생각했을 것이다. 하지만 당신은 이내 얼마 못 가 한 꼭지가 잘 써질 때도 있지만 아무리 머리를 짜내도 잘 나오지 않는 날도 있다는 것을 깨닫게 되었다. 그러자 어느 순간부터 예정일보다 날짜가 밀리고 막힌 꼭지 때문에 진행이 제대로 되지 않았다.

이럴 때 당신은 결코 그 한 꼭지에 머물러 있어선 안 된다. 그렇게 한 꼭지에 붙잡혀 있다 보면 전체적인 책의 주제와 영감, 흐름을 잃어버릴 수 있기 때문이다. 막힌 꼭지는 처음 목차를 짤 때 생각했던 내용의 주제와 사례 정도만을 넣어두고 다음 꼭지로 넘어가야 한다. 마치 우리가 시험을 볼 때 모르는 문제는 일단 넘어가고 다 풀고 난 뒤 다시 문제를 확인하듯이 말이다.

우리가 숲을 볼 때 여러 나무가 함께 어우러져 조화로운 모습을 보면서 참으로 아름답다고 느낀다. 멀리서 숲을 바라볼 때 한 그루의 나무가 너무 크고 툭 튀어나와 있다면 결코 그 나무 덕분에 숲이 아름답다고 여겨지는 않는다. 나무 한 그루, 한 그루가 조화를 이루고 함께 어우러져 있을 때 비로소 아름다운 숲이 되는 것이다.

책 또한 한 꼭지, 한 꼭지가 서로 자신을 너무 드러내는 것이 아닌 함께 조화를 이루고 공존할 때 한 권의 훌륭한 책이 되는 것이다. 책을 읽는 독자는 한 꼭지 때문에 한 권의 책을 사는 것이 절대 아니다. 책 한 권에서 받을 수 있는 전체적인 내용과 감동을 위해 책을 사고, 읽는 것이다. 나무를 보기 위해 숲을 보는 것이 아니라 숲을 보자 나무가 담기는 것처럼 말이다.

물론 이런 방식으로 처음부터 끝까지 스케치를 하고, 다시 처음부터 각 꼭지를 마무리 짓는 방식으로 써야만 하는 것은 아니다. 단지 이런 식으로 하면 책 전체의 흐름은 유지하면서 처음 전달하려고 했던 내용의 색깔도 크게 변하지 않은 상태에서 책을 마무리 지을 수 있기 때문에 권하는 것이다. 사람마다 책을 쓰는 스타일은 다르기 때문에 이 방식이 꼭 옳은 방법이고 책을 쓰는 모든 이가 반드시 이렇게 해야 한다는 건 아니다. 이것은 나만의 노하우일 뿐이고, 나의 생각일 뿐이다. 이것이 정답이란 것은 아니지만 한 번쯤 이런 방식으로 써보라고 추천하고 싶은 방법일 뿐이다.

이런 방법을 고수하지 않는다고 해서 반드시 전체적인 흐름을 잃는 것은 아니다. 그리고 이런 방법 말고라도 출간계획서를 작성하는 것처럼 자신만의 흐름을 잃지 않는 방법을 찾으면 된다. 그것이 바로 자신이 책을 쓰는 것을 반복하고 학습하면서 자신만의 노하우를 찾아가는 길인 것이다.

사실 좋은 책을 쓰기 위해서는 많이 써보는 수밖에 없다. 많이 쓰는 것만큼 좋은 방법은 없다. 기존 작가의 노하우나 방식을 따라가는 것도 좋지만, 많이 쓸수록 자신만의 노하우가 생기기 마련이고 자신에게 맞는 방식 또한 생겨나기 마련이다. 그것이 바로 다작을 할 수 있는 길이도 하고 말이다.

책을 쓰는 일은 결코 쉬운 작업이 아니다. 하지만 세상 그 어떤 일도 처음부터 쉽게 할 수 있는 일은 없다. 실수하면서 알아가는 것이고 실패할수록 그것의 참된 재미를 찾아가는 것이다.

하지만 감히 단언하건대 책을 쓰는 일은 정말 매력적인 일이라고 나는 확신한다. 이 책을 읽고 있는 당신 역시 그럴 것이라 생각하고, 책을 쓰는 것의 매력을 알고 싶어 이 책을 집어 든 것이 아니겠는가? 그렇다면 절대 쉽게 포기하지 말길 바란다. 당신이 생각했던 것만큼 아니, 그보다 훨씬 더 책을 쓰는 일은 흥미롭고 즐거운 일이며, 그 결과물은 언제나 기대 이상의 큰 보답으로 돌아오니 말이다.

처음 책을 쓸 때 어느 한 꼭지에서 막혔다고 해서 지쳐 포기하지 말고, 우선은 전체적인 느낌을 먼저 그려 보도록 하자. 책을 쓰다가 막혔다면 포기하기보다 이 책의 원고가 완성되고 출간되었을 때의 모습을 잠시 상상해보자. 그러면 결코 이 작업을 멈출 수는 없을 것이다.

전체적인 틀을 만들어 놓으면 부분, 부분의 디테일한 작업이 막혀도 지치지 않을 수 있다. 초상화를 그린다고 해도 전체적인 윤곽이 잘 잡히면 눈, 코, 입은 얼마든지 수정해 나가면서 그려 나갈 수 있지 않은가? 책 또한 전체적인 흐름이 잘 잡혀있으면 각 꼭지의 디테일한 부분은 얼마든지 수정해 나가면서 채워나갈 수 있다.

지금 쓰는 책은 한 꼭지만으로 완성되는 작업이 아니다. 몇십 개의 꼭지를 모아 묶어야 비로소 책으로 만들어지는 것이다. 그것에서 가장 중요한 것은 책 전체의 기승전결이며, 메시지임을 잊지 말자. 언제나 나무만을 보는 작가가 아닌, 숲을 보는 작가가 되도록 하자. 그렇게 숲을 담을 수 있는 넓은 역량의 작가가 되자.

책 쓰기 6단계
– 적당한 분량이 좋은 책이 된다

책 쓰기 수업을 하다 보면 가장 많이 하는 질문 중 하나가 바로 **"얼마나 써야 책 한 권 분량이 나오나요?"**이다. 이 질문은 처음 나 자신이 첫 책을 쓸 때도 가장 궁금한 것이기도 했는데 너무 궁금한 나머지 어느 저자분의 책을 직접 워드에 쳐보면서 분량을 측정해보기도 했다.

결론부터 말하자면 책 한 권의 분량은 원고지로 약 850매 정도가 책 한 권의 분량이 된다. 하지만 예전에야 대부분의 사람이 원고지에 직접 수기로 써서 책을 내곤 했지만, 요즘은 대부분의 사람이 워드로 작성하여 파일로 원고를 정리한다. 그렇기에 워드 기준으로 다시 말하자면 워드 1쪽은 원고지로 약 8매가 되며, 워드로 110쪽 정도가 원고지로 약 850매가 되는 것이다.

책 1권 = 원고지 850매

원고지 8매 = 워드 1쪽

원고지 850매 = 워드 110쪽

　책 한 권의 페이지수가 300쪽 정도가 된다고 해서 워드로 300쪽을 쓰는 것이 아니다. 워드로 110쪽 정도를 썼을 때 책 사이즈 신국판 기준으로 적게는 250쪽에서 많게는 330쪽까지 나오게 된다.

　워드로 110쪽 정도가 책 한 권의 분량이라고 말씀드리면 많은 분들이 혀를 내두르는데 딱히 그렇지도 않다. 누구나 책 한 권을 쓸 수 있다고 말씀하시는 작가님들 중 경영전문가이자 집필의 달인이라 불리는 공병호 박사님은 책 한 권을 이렇게 쓰라고 말씀하신다.

　"책을 쓰기 전에 머릿속에 짜임새 있는 청사진을 그려놓습니다. 그리고 그것을 주제당 원고지 15~20장 분량의 덩어리 40개로 나눕니다. 칼럼을 쓰듯이 40여 일을 꾸준히 쓰다 보면 어느새 책 한 권이 만들어집니다."

　멋진 말이 아닌가? 40일이면 누구나 책 한 권을 쓸 수 있다는 말이다. 이 말을 좀 더 쉽게 풀어서 설명을 하자면 책의 전체 구성을 40꼭지로 나누고 하루에 한 꼭지씩 40일을 쓰면 책 한 권이 나온다는 얘기다. 여기서 한 꼭지는 원고지로 15~20장이라고 하셨는데 이 분량은 워드 기준으로는 2.5쪽 정도를 말한다. 다시 말해 하루에 워드로 한 주제를 가지고 2.5쪽 정도의 분량으로 집필한다면 40일이면 책 한 권이 나온다는 것이다.

> 책 1권 = 40꼭지
> 1꼭지 = 원고지 15~20장
> 원고지 15~20장 = 워드 2.5쪽

　책 한 권의 분량은 위에서 설명한 분량인 40꼭지 정도, 그러니까 워드로 110쪽 정도가 가장 적절하다. 책 분량은 책의 내용만큼이나 중요하기도 한데, 이것은 아무리 맛있는 음식이라도 음식양이 너무 적거나, 많을 때는 그 음식이 가지고 있는 맛의 본질을 제대로 전할 수 없는 것과 마찬가지이다. 아무리 맛있는 음식이라도 너무 양이 적으면 감칠맛만 나게 되고, 너무 양이 많으면 처음에는 맛있지만 먹을수록 밀리게 되지 않는가?

　책도 이와 마찬가지이다. 적절한 분량에 적당한 주제를 담고 있어야 이 책은 제 역할을 톡톡히 할 수 있는 것이다. 너무 양이 적으면 이제 막 몰입되기 시작하는데 끝나버리는 듯한 느낌을 받게 되고, 너무 양이 많으면 읽기 전부터 지쳐버리게 되기도 한다. 게다가 초고에서 분량이 너무 적거나 많게 되면 탈고 과정에서도 많은 시간이 걸리게 되어 버리기 때문에 최대한 처음 원고를 집필할 때 적절한 분량을 기준으로 집필하는 것이 좋다.

　이해를 돕기 위해 나의 저서 중 하나인 『맹자의 인생수업』의 분량을 공개하도록 하겠다. 『맹자의 인생수업』은 총 288쪽의 책으로 출간되었다. 288쪽으로 나오기까지 작성한 각 꼭지의 분량은 이러하다.

『맹자의 인생수업』 목차

들어가는 글 _ 맹자, 그를 따르는 길 - 2쪽

1장 왕의 길, 인의의 길 - 7쪽

1. 고민에 빠진 혜왕 - 4쪽

2. 통일된 천하의 왕 - 3쪽

2장 어진 군주의 조건 - 9쪽

1. 음악을 즐기는 선왕 - 3쪽

2. 제선왕의 동산 - 3쪽

3. 등문공의 한숨 - 3쪽

3장 의의 길을 가다 - 8쪽

1. 공손추의 바람 - 3쪽

2. 화가 난 맹자 - 2쪽

2. 진정한 대장부 - 3쪽

3. 왕도정치가 하고픈 송나라 - 3쪽

4. 군자의 즐거움 - 3쪽

나가는 글 _ 과거에서 온 미래의 숙제 - 2쪽

『맹자의 인생수업』은 프롤로그, 에필로그를 포함하여 전체 37꼭지로 구성되어 있으며, 한 꼭지 당 평균 3쪽 정도로 집필되었다. 전체는 106쪽으로 구성되어 신국판 기준 288쪽의 책으로 제작되었다. 아주 적절하고 보기 좋은 분량으로 말이다.

 이것으로 책 한 권 분량의 기준은 잡혔을 것이다. 그러면 이제 열심히 쓴 나의 원고가 책으로 출간돼 손에 내 책을 쥐었을 때 그 기분 좋은 촉감을 상상하며 집필에 몰두하도록 하자. 그 상상이 곧 현실이 되길 기대하며 말이다.

책 쓰기 7단계
– 글을 잘 쓰기 위한 세 가지 방법

"글을 잘 쓰려면 어떻게 해야 하나요?"

수업 때나 강연을 할 때면 제일 많이 받는 질문 중 하나이다. 이 질문을 받을 때면 항상 나는 세 가지 방법을 말해준다. 글을 잘 쓰기 위한 노하우 같은 건 없지만 이 세 가지 방법을 반복적으로 한다면 누구나 글을 좀 더 잘, 그리고 점차 수월하게 쓸 수는 있게 된다.

그 세 가지 방법 중 첫 번째는 바로 우리가 잘 알고 있는 방법인 필사다.

좋은 책을 베껴 씀으로써 자연스럽게 필력이 늘고 글을 쓰는 흐름이 파악할 수 있기 때문에 가장 많이 하고 선호하는 방법이다. 필사는 단순히 필력을 향상시키는 것뿐만 아니라 마음을 진정시키고 스트레스를 해소시키기도 한다. 게다가 자연스럽게 어휘력과 맞춤법, 띄어쓰기 공부도 되기 때문에 글을 쓰려는 사람에게는 꼭 해야 하는 일이라고 할 수 있다. 게다가 베껴 쓰기는 뇌 활성화에 도움이 돼 기억력 향상에도 크게

도움이 된다. 그래서 학교 다닐 때 틀린 문제를 10번, 100번씩 써오라고 선생님들이 그리 시키셨나 보다. 이처럼 필사는 여러모로 글을 쓰는 사람에게는 큰 도움이 되는 방법이다.

글을 잘 쓰기 위한 두 번째 방법은 바로 글을 첨삭 받는 것이다.

첨삭이란 내가 쓴 글을 누군가가 확인하고 검토하여 내용의 일부를 보태거나 삭제하여 고치는 것을 말한다. 글을 처음 쓸 때 누구나 드는 생각이 '내가 제대로 쓰고 있는 건가?'이다. 내가 쓰는 글에 대한 확신이 없는 것이다.

책 쓰기에 관해 수업을 하면 언제나 수강생들의 원고를 첨삭하게 되는데 원고를 읽을 때마다 참 재밌는 경험을 많이 하게 된다. 원고 하나하나를 읽다 보면 원고에서도 그 사람만의 특색이 다 담겨있음을 깨달을 수 있기 때문이다. 글에는 그 사람의 말투, 행동, 사상, 기분 등이 다 담겨있어 글에서도 그 사람만의 색깔이 분명히 드러난다. 이 사람이 성격이 급한 지 차분한 지, 긍정적인지 부정적인지, 감성적인지 이성적인지가 모두 드러나는 것이다.

첨삭은 그 사람의 글이 자신만의 색깔은 뚜렷하게 하되, 불필요한 부분은 제하면서 그 사람만의 글로 이끄는 것이다. 그리고 자신도 모르게 원고에 들어가 있는 자신의 안 좋은 습관은 빼주고, 글 흐름의 어색함이나 속도 등도 조절해준다. 이런 첨삭을 몇 번 받게 되면 자신의 안 좋은 버릇이나 습관이 바로바로 눈에 들어오기 때문에 빠른 속도로 누구나 읽기 좋은 글을 쓰는 방향을 잡게 된다.

자비 출판이 대중들에게 사랑받기 힘들고, 대중적으로 인기를 끌기 어려운 것은 이러한 첨삭을 받을 기회가 없기 때문이다. 자신이 쓴 글을 누군가가 봐주고 윤문이나 교정, 교열을 제대로 받아보지 못하고 바로 책으로 나오기 때문에 독자들이 보기에는 어색하고, 아마추어 같은 느낌을 많이 받게 되는 것이다.

자신에게는 만족스러운 글이라 할지라도 그건 자신에게만 만족스러운 글이 되기 때문에 언제나 처음 글을 쓸 때는 자신보다 더 큰 눈을 가진 사람에게 자신의 글을 첨삭 받아 보는 것이 중요하다. 그렇게 첨삭을 받으면서 자신도 더 큰 눈을 가지게 되는 것이고, 더 자연스럽고 좋은 글을 쓸 수 있게 되는 것이다.

글을 잘 쓰기 위한 마지막 세 번째 방법은 바로 '일기를 쓰는 것' 이다.

일기 쓰기는 장르 구별 없이 모든 글의 기초가 된다. 글을 쓸 때 가장 먼저 연습 되어야 하는 것은 바로 자신의 이야기를 잘 풀어서 쓰는 것이다. 나의 이야기를 누군가에게 이해가 되고, 공감이 되도록 잘 풀어서 쓸 수 있어야만 다음 이야기를 쓸 수 있고, 다른 사람의 이야기도 쓸 수가 있다. 자신의 이야기조차 제대로 전달할 수 없는 상황에서 다른 사람의 이야기를 한다는 것은 정말이지 어불성설이 아닐 수 없다.

좋은 글은 전달하려는 메시지를 누구나 쉽고 빨리 이해할 수 있게 해주는 글이다. 쉽게 말해 좋은 글은 3살짜리 애부터 90세 노모까지 이해할 수 있도록 써야 한다는 것이다. 어려운 말을 써야 좋은 글이 아니고, 고급스럽고 세련되게 써야 좋은 글이 아니라는 말이다.

간혹 책 쓰기를 코칭하다 보면 박사님이나 교수님, 혹은 국문학을 전공한 사람들을 코칭하기도 하는데 이러한 분들을 코칭하여 책을 쓰게 하는 것이 더 힘들다. 이러한 분들은 어느 정도 배웠고 아는 것이 있기 때문에 글에서 그러한 것들을 표현하고 싶어하는 욕구가 많다. 그러다 보니 글을 너무 고급스럽게만 쓰려고 하여 글의 전달력이 떨어지는 경우가 종종 있다.

하지만 글을 쓰는 사람이 기억해야 하는 것은 이 글을 쓰는 사람을 작가 본인이지만 이 글을 읽을 사람은 각계각층의 다양한 사람들이라는 점이다. 책으로 나온 이 글은 작가 본인만큼 지식을 가진 사람들만 보는 것이 아니란 것이다. 아는 것을 표현하고 전달하고 싶다면 논문을 쓰면 된다. 하지만 우리는 지금 누구나 볼 수 있는 책을 쓰려는 것이 아닌가! 그렇다면 작가의 수준이 아닌 이 책을 읽을 독자층의 수준에서 글을 써야 하는 것이다. 좋은 글은 어렵고 고급스런 글이 아닌, 누구나 쉽게 전달하려는 바를 전달받을 수 있는 글임을 명심해야 한다.

매일 매일 일기를 씀으로써 자신의 이야기를 처음 보는 누군가에게 이야기하듯이 잘 풀어서 쓰는 연습이 된다면 그 뒤로는 어떠한 주제의 글이든, 어떤 장르의 글이든 자연스러운 흐름으로 잘 쓸 수 있게 될 것이다.

좋은 글을 쓰기 위한 방법으로는 이렇게 세 가지 정도의 방법이 있다. 이 방법을 꾸준히 반복하고 연습한다면 누구에게나 명필의 작가로 인정받을 수 있을 것이다.

어떤 일이든 기초가 제일 중요하다. 좋은 글, 좋은 책을 쓰는 일에 지름길은 없다. 쓰고, 쓰고 또 쓰는 연습이 되어야 하며, 더 좋은 글을 쓰기 위해 고치고, 고치고 또 고치는 작업이 필요하다.

누군가가 정해놓은 좋은 글이라는 기준은 없다. 하지만 글을 쓰는 사람, 글을 쓰려는 사람은 언제나 더 좋은 글을 잘 전달하는 일에 고민해야 하고, 발전하려 노력해야 한다. 글과 책은 작가의 사상을 담고, 그 사상은 언제나 어딘가의 누군가를 감동을 주기도 하고, 영향을 끼치기도 하니 말이다.

책 쓰기 8단계
– 감정표현의 절제!

　세상 어디에도 완벽한 글이란 건 존재하지 않는다. 글이란 건 결국 전달의 수단이기 때문에 얼마나 더 신속하게, 얼마나 더 정확하게 전달되고 있느냐의 차이가 있을 뿐 완벽한 전달 수단이 될 수는 없다. 머릿속을 열어 보이지 않는 이상 생각을 그 어떤 기호나 소리로 표현할 수밖에 없는데 그 과정에서 왜곡이나 가감이 생겨날 수밖에 없기 때문에 완벽한 전달 수단은 존재하지 못하는 것이다.

　글이라는 기호로 생각을 담는 순간부터 왜곡은 있을 수밖에 없다. 그렇기 때문에 세상 어디에도 완벽한 글, 완벽한 책이란 건 존재할 수 없다. 하지만 그렇기에 더욱더 정확히 전달할 수 있도록 노력과 고심을 해야 한다.

　책 쓰기 수업을 할 때, 첫 책을 쓰는 분들에게는 본인의 경험을 사례로 넣어 글을 써나갈 수 있도록 하는데 본인의 이야기를 쓸 때는 그때 당시의 기분이나 감정을 함께 넣어 쓰시라고 설명해 드린다. 그래야 그때 당시의 상황이나 심정이 더 잘 전달되기 때문이다. 적절한 감정표현은 이해력을 돕고 문장을 풍성하게 만들기 때문에 중요한 요소 중 하나이다.

하지만 '과유불급' 이란 말이 있듯이 감정표현이 너무 지나치게 되면 글의 흐름을 방해하게 된다. 그때 당시 본인의 심정을 다 표현하고 싶은 마음에 지나치게 많은 감정적인 표현을 하게 되면 글을 읽기가 거북해지고 만다. 마치 그때의 감정을 독자에게 강제로 이입하려는 느낌을 주기 때문이다.

글을 통해 그때의 상황을 전달하려고 한다면 상황에 대한 설명과 그에 적절하고 적당한 표현으로 정리해야 한다. 그렇게 해서 그 상황을 독자가 상상하고 공감할 수 있도록 해주어야 한다. 그런데 거기서 그때 당시 자신의 감정을 어떻게든 알리고 싶은 마음에 감정표현을 지나치게 하면 오히려 공감대로 떨어지게 되고, 마치 저자가 자신이 힘들었단 걸 알아주기 바란다는 느낌이 들어버리기 때문에 거북함이 들어버리게 되는 것이다.

글은 최우선적으로 전달하려고 하는 바를 명확하게 전달하는 것도 중요하지만, 이 글을 읽는 사람이 그 상황을 이해한 다음 그 상황을 상상하고 생각하여 스스로 어떤 결론과 판단을 내릴 수 있도록 하는 여지를 주는 것도 상당히 중요하다. 어느 작가의 책을 보는 내내 주입식과 강제성을 띄는 느낌을 받았다면 저자 입장에서는 상당히 거북할 것이다.

게다가 복잡 미묘한 자신의 심정을 표현하려고 하다 보니 자연히 문장이 길어지게 되고, 마무리되어야 할 타이밍에 문장이 끝나지 않고 계속 이어지다 보니 독자 입장에서 읽기에도 불편하고 전달력도 확연히 떨어지게 되고 만다. 그렇게 되면 독자는 그 책을 보다가 덮어버리는 경우도 생기게 된다.

그 어떤 일을 하든 부족하지도 과하지도 않는, 적당하고 적절한 선을 지키기란 여간 쉬운 일이 아니다. 글을 씀에도 이는 마찬가지다. 부족하지도 과하지도 않는, 적당하고 적절한 표현으로 최선의 전달력을 갖추기란 결코 쉬운 일이 아니다. 쓰면서 조절하고, 또 쓰면서 그 선을 알아가야 하는 것이다. 그렇기에 꾸준히 쓰는 것이 중요하고, 꾸준히 쓰는 연습이 되어야 한다.

처음 글을 쓸 때 이런 부분이 조금 어렵게 느껴질 수도 있다. 하지만 내가 더 노력하고, 더 신경 써서 쓴 글이 더 많은 사람에게 더 큰 감동을 주고, 더 큰 영향을 끼친다고 생각하면 결코 그 노력을 소홀히 할 수는 없는 노릇이다.

책은 하나님께서 세상에 주신 가장 큰 전달의 매개체 중 하나이다. 우리는 지금 그 큰 선물을 담으려고 하는 것이다. 그러한 선물을 더 값어치 있게, 하나라도 더 진실로 전달될 수 있도록 노력한다면 분명 좋은 글로 좋은 책이 되어 세상에 그 빛을 발할 것이다.

내가 겪고 느낀 것을 최대한 전달하되, 절제하여 표현하는 것! 이 고민을 계속하면서 글을 쓴다면 그 글은 이미 충분히 전달력을 품은 글이 된다!

책 쓰기 9단계
- 원고 탈고하기

초고 집필을 끝냈다면 이제 이 초고를 탈고하는 작업을 진행해야 한다. 초고를 수정하는 작업을 탈고, 혹은 퇴고라고 하는데 초고는 크로키처럼 빠르고, 신속하게 작업해야 하는 반면, 탈고는 천천히, 그리고 신중하게 작업해야 한다. 앞서 초고를 크로키처럼 써야 한다고 말했다면 탈고는 정밀화처럼 섬세하고 꼼꼼하게 작업해야 하는 것이다.

초고는 크로키!
탈고는 정밀화!

수많은 유명저자는 초고보다 탈고 작업의 중요성을 더 강조하는데 소설 『내 심장을 쏴라』, 『7년의 밤』, 『28』 등으로 유명한 정유정 작가는 한 인터뷰에서 이렇게 말하기도 했다.

"초고는 보통 석 달 안에 끝냅니다. 마냥 신나는 때죠. 말이 되든 안 되든 일단은 달리는 시기니까요. 이후부터는 저 자신과의 드잡이질이에요. 저는 초고의 흔적이 탈고 때까지 남아있으면 그 소설은 실패라고 봅니다. 제가 천재가 아닌 바에야, 석 달 동안 내달린 장면들이 쓸 만한 것일 리 없죠. 대부분 클리셰일 수밖에 없어요. 그걸 완전히 벗겨내는 데 1년 가까이 걸려요. 어느 대가의 말처럼, 저는 초고를 버리기 위해서 씁니다."

정유정 작가는 한 인터뷰에서 탈고 이후에는 초고의 흔적 자체가 남아있어선 안 된다고 말할 정도로 탈고 작업에 힘을 기울인다고 했다. 정유정 작가 역시 탈고 작업에 대해 중요성을 여러 인터뷰를 통해 강조해 왔으며 본 저자 역시 책 쓰기 코칭을 할 때마다 탈고 작업이 가장 힘들고 인내를 필요로 하는 과정이라고 자주 말하곤 한다.

탈고 작업이 생각보다 오래 걸려 '내가 초보 작가라서 탈고 작업이 이렇게 오래 걸리고 힘든 걸 거야'라는 생각을 한다면 그건 오히려 건방진 생각인 것이다. 『가프가 본 세상(The World According to Garp)』의 저자이자 세계적인 베스트셀러 작가 존 어빙은 탈고에 대해 이렇게 말했다.

"내 인생의 절반은 고쳐 쓰는 작업을 위해 존재한다."

탈고 작업은 작가 자신이 만족할 때까지 끝이 없는 작업이다. 처음부터 끝이란 게 존재하지 않는 작업이다. 그저 자신이 만족할 수 있을 때까지 하는 작업일 뿐이다. 앞서 세계적으로 저명한 작가인 어니스트 헤밍웨이조차 마지막 페이지를 39번 고쳐 썼다고 했으며, 이미 소설가로서 유명한 정유정 작가 역시 탈고 작업에 1년이란 시간이 걸렸다고 했다. 이것은 누가 그들에게 39번 수정을 해야 한다고 말한 것도 아니며, 1년 동안 하라고 해서 한 것이 아니다. 자신들이 만족할 때까지 그렇게 한 것이다.

탈고 작업이 누가 얼마나 해야 한다고 정해져 있는 것은 아니다. 빠르면 하루나 이틀 만에도 끝낼 수 있고, 반대로 몇십 년이 걸릴 수도 있다. 아니 결국 끝내지 못할 수도 있다. 자신이 만족하여 탈고 작업을 마쳤다고 하더라도 출판사의 요청으로 또다시 퇴고 작업을 할 수도 있기도 하며, 그런 경우 역시 숱하게 많이 있다. 책이 출간되기 직전까지 탈고 작업은 계속되며, 심지어 출간된 이후에도 재판을 들어갈 때마다 탈고를 하기도 한다.

처음 초고를 쓸 때부터 이 세상에 완벽한 문장과 완벽한 글은 없다고 생각하는 것이 현명하다. 자신이 쓰는 글이 완벽해야 한다는 생각에 포커스를 맞추는 것이 아니라, 나의 생각이 글로써 최대한 오해 없이 100% 독자들에게 전달될 수 있도록 글을 쓰는 것에 포커스를 맞추고 쓰도록 해야 한다. 탈고 작업을 하는 것 역시 글을 더 깔끔하고 보기 좋게 다듬어 전달력이 좋아지게 하는 작업일 뿐 완벽한 글을 만들어 내는 일은 아니라는 것으로 여겨야 한다.

초고를 끝내고 탈고 작업을 하고 있는 사람이 있다면 나는 당신이 그 작업을 좀 더 즐겁고 행복한 마음으로 하길 바란다. 탈고 작업이 끝이 보이지 않아 처음부터 다시 글을 쓰는 듯한 기분이 든다 하더라도 말이다. 나무에 매일 매일 꾸준히 물을 주다보면 어느 샌가 달콤한 열매를 맺듯이 당신이 인내심을 가지고 꾸준히 탈고 작업을 하다 보면 어느샌가 당신의 글은 훌륭한 책이란 열매로 그 결실을 맺게 될 테니 말이다. 탈고의 시간이 얼마나 값진지는 책이 나오게 되면 절실히 느끼게 된다. 그러니 탈고 작업을 하면서 힘들고 지친다는 생각보다 이 글이 얼마나 달콤한 열매의 책으로 나오게 될지를 기대하고 설레어 하면서 탈고 작업을 하기를 바란다.

초고는 원석과도 같은 존재다. 정돈되어 있지 않지만 그 가치를 이미 담고 있다. 그리고 그 원석을 오랜 시간 갈고 닦으면서 아름다운 모습으로 가공하는 작업이 바로 탈고 작업이다. 정돈되어 있지 않고 아직은 투박한 이 초고를 천천히, 그리고 정밀하게 가공하여 누가 보기에도 보기 좋고, 훌륭한 책으로 만드는 것이다.

나비처럼 날아서, 벌처럼 쏜다고 했던가? 이제 나비처럼 가벼운 마음으로 초고를 썼다면, 벌처럼 뚜렷한 목표점을 노리고 신중하게 탈고 작업을 하여 멋진 책으로 출간할 수 있도록 하자.

책 쓰기 10단계
- 출판사 만나기

자, 이제 탈고까지 마쳤으면 아 기다리고 기다리던 투고의 시간이다. 몇 달 동안 초고를 쓰고, 탈고를 마친 이 원고를 출판사에 보내는 일을 해야 하는 것이다. 출판사에 원고를 투고하는 일은 몇 권의 책을 출간한 저자에게도 늘 긴장되고 설레는 일이다. 하물며 처음 책을 쓴 작가들은 얼마나 더 그렇겠는가?

'모든 출판사에 퇴짜를 맞음 어쩌지?'
'원고를 읽어보고 비웃는 건 아닐까?'
'원고를 제대로 읽어줄까?'

이런 온갖 생각들이 얼마나 자신을 두렵게 만들고 떨리게 만들겠는가? 충분히 이해되고, 공감할 수 있다. 하지만 자신감을 갖자. 오랜 시간 시간과 노력을 이 책에 쏟아 붓지 않았던가! 긴장보단 설렘으로 이제 그 열매를 맺은 날이 온 것이라 생각하자! 처음부터 이 책은 하나님께서 기획하고 당신을 통해 준비하신 것이니 두려움보단 기대감으로 원고를 출판사에 보내보도록 하자.

　우선 출판사에 원고를 투고하는 방법은 여러 가지가 있다. 원고를 출력하여 출판사를 직접 찾아가거나, 출판사 홈페이지를 검색하여 들어가 홈페이지를 통해 투고하기도 한다. 하지만 그런 방법보다 요즘 가장 많이들 하고 있는 투고 방법이 있는데, 그것은 바로 이메일로 투고하는 것이다.
　이메일로 투고하는 방법은 너무나 간단하다.

> E- Mail로 투고하는 방법
>
> 1. 투고할 출판사를 선별한다.
> 2. 투고할 출판사의 이메일 리스트를 정리한다.
> 3. 정리한 이메일 리스트에 투고를 한다.

　너무나 간단하다. 누구나 생각할 수 있고, 할 수 있는 방법이다. 그래도 혹시 구체적인 방법을 알고 싶어 하는 분들도 계실 테니 풀어서 설명을 하겠다.

1. 투고할 출판사를 선별한다.

투고할 출판사를 선별한다는 의미는 수천 군데에 달하는 출판사 중에 내가 쓴 장르의 책을 출간할 출판사를 찾는다는 것이다. 이 일은 결코 어려운 일이 아니다. 지금 당장 온라인 서점이나 오프라인 서점을 찾아가서 자신이 쓴 장르 코너로 가보도록 하자. 내가 쓴 장르가 자기계발이면 자기계발 코너로, 인문이면 인문 코너로 가면 된다. 그리고 그 코너에 있는 책을 출간한 출판사 리스트를 모으면 되는 것이다. 이 책의 독자의 경우에는 크리스천일 것임을 감안하면 우리는 서점에 가서 종교 분야에 가는 것이 옳을 것이다.

이렇게 하는 이유는 이미 해당 장르의 책을 출간한 출판사는 해당 장르의 책을 출간하는 것에 관심이 있고, 그런 경험을 소지하고 있는 출판사라는 것을 의미한다. 출판사마다도 성향이 달라서 즐겨 출간하는 장르가 모두 다르다. 물론 역사서를 출간한 출판사에서 유아 교육서에 대한 책을 출간하지 말란 법은 없고, 자기계발서를 출간하는 데서 종교 서적을 출간하기도 하지만, 아무래도 잘 모르는 분야의 책을 출간하기보다는 익숙하고 잘할 수 있는 장르의 책을 출간하는 것을 선호하기 마련이다. 그렇기 때문에 이미 해당 장르의 책을 출간한 출판사가 같은 장르의 책을 또 출간하는 것에 더 큰 관심을 가지게 되는 것이다.

온라인이든 오프라인이든 자신이 쓴 장르의 책을 출간한 출판사를 확인하는 것은 아주 손쉽게 할 수 있다. 쉽고 빠르게 해당 출판사의 리스트를 수집하고, 선별할 수 있을 것이다. 약간의 발품과 시간만 투자하면 누구나 할 수 있다.

2. 투고할 출판사의 이메일 리스트를 정리한다.

이메일로 원고를 투고하려면 이메일 주소가 있어야 한다. 이 작업 역시 간단히 할 수 있는데 첫 번째 작업인 출판사를 선별할 때 함께할 수 있다. 오프라인 서점을 방문해 자신이 쓴 장르의 코너로 가서 출판사 리스트를 모으면서 해당 출판사가 출간한 책의 맨 앞 장이나 뒷장을 살펴보면 출판사 연락처와 함께 투고할 이메일 주소가 함께 적혀있다. 바로 그것을 수집하면 되는 것이다.

3. 정리한 이메일 리스트에 투고를 한다.

이제 취합한 출판사 리스트와 이메일 리스트를 가지고 원고를 투고하기만 하면 된다. 단, 메일을 보낼 때는 목차와 원고 전체를 잘 정리하여 첨부해 보내고, 메일을 보낼 때는 자신에 대한 간단한 소개와 회신받을 연락처도 함께 남기는 것을 유의하자. 간혹 원고 전체를 보내도 괜찮으냐는 질문을 받기도 하는데 원고를 도용하거나 훔치는 일은 거의 일어나지 않으므로 염려하지 않아도 괜찮다.

이런 식으로 출판사에 원고를 투고하고 나면 빠르게는 하루 만에, 혹은 2~3주 정도 검토의 시간을 가진 뒤 출판사에서 연락이 오게 된다. 출판사에서 해당 원고를 가지고 계약을 하자고 연락이 오기 시작하면 이제 우리는 작가로서 갑의 입장이 되게 된다. 연락 오는 출판사에 계약 조건을 물어보고, 장단점을 따져보고 계약을 하면 된다. 지금 이 책에서 "이 출판사가 좋습니다"라고 단정 짓는 식의 말은 할 수는 없다. 하지만 출판사를 선별할 때 고려해야 될 부분과 본인이 판단할 수 있도록 여러 가지 팁(Tip)을 알려줄 수는 있다.

우선 출판사는 크게 대형 출판사와 중·소형 출판사로 나눠서 생각할 수 있다. 대형 출판사라고 무조건 다 좋은 것만도 아니고, 중·소형 출판사라고 해서 나쁜 것만도 아니다. 분명한 그 둘의 장단점이 있기 때문에 그런 부분을 고려하고 따져본 뒤 결정을 내리면 된다. 대형 출판사와 중·소형 출판사의 성향은 크게 이렇게 나눌 수 있다.

• 대형 출판사의 장점

1. 출판사의 브랜드 파워가 높다.

2. 자금력이 있어 홍보가 대대적이다.

3. 인세 지급날짜를 잘 지킨다.

4. 상업적인 마케팅이 뛰어나다.

5. 온라인과 오프라인 모든 서점과 네트워킹이 되어있다.

• 대형 출판사의 단점

1. 출판 시기가 대체로 늦다.

2. 저자에게 요구 사항이 많다.

3. 저자의 의견이 잘 반영되지 않는다.

4. 유명 저자 위주로 출간한다.

5. 출간하는 책들이 많아 디테일한 부분을 세심하게 봐주지 못한다.

• 중·소형 출판사의 장점

1. 출판 시기가 빠르다. 빠르면 한 달 안에 출간되기도 한다.

2. 저자의 의견을 적극 반영한다.

3. 책의 세밀한 부분까지 신경 쓴다.

4. 내 책의 홍보에 적극적으로 나선다.

5. 출판사와 좋은 관계를 유지하면 다음 책의 출간으로 이어지기도
한다.

• 중·소형 출판사의 단점

1. 인지도가 낮다.

2. 가끔씩 인세지급을 제대로 지키지 않는다.

3. 홍보에 적극적으로 나서지만 경비가 적게 드는 쪽으로만 하는 경우
가 많다.

4. 오프라인 서점에 비치되는 공간이 협소하다.

5. 경비를 줄이기 위해 책의 재질과 디자인을 최소비용으로 제작하기
도 한다.

이러한 장단점은 대형 출판사 모두가 이런 것만도 아니고, 중·소형 출판사라고 해서 다 이런 것은 결코 아니다. 하지만 본 저자가 겪어본 바로는 이러한 경우가 많았다는 것이다. 방금 정리한 출판사의 장단점은 본인이 선택할 때 참고할 만한 사항일 뿐, 어디가 더 낫다는 것은 결코 아니다. 단지 자신이 계약을 할 때 브랜드 파워를 우선시할 지, 출간 시기를 우선으로 할지 등 자신만의 우선적인 기준에 따라 계약을 하면 된다. 힘들게 쓴 원고가 좋은 출판사를 만나 좋은 책으로 거듭나야 하기에 참고하여 좋은 출판사를 만나기를 바라는 마음에서 정리를 한 것임을 알아주길 바란다.

초보 작가일수록 힘겹게 쓴 원고를 투고했는데 '계약하자는 연락이 오지 않으면 어쩌지?' 라는 두려움 때문에 출판사에서 연락이 오면 앞뒤 생각 안 하고 무조건 "네, 네."라고 대답하면서 계약을 하곤 한다. 하지만 언제나 명심해야 할 것은 출판 계약의 '갑' 은 저자 자신이며 '을' 은 출판사이다. 이것은 '갑' 질을 하라는 말이 결코 아니다. 자신이 쓴, 창조해낸 이 원고에 대한 자부심을 가지란 것이다.

써놓은 글은 어디 도망가거나 사라지지 않는다. 당장 계약이 되지 않는다고 해서 두려워할 필요는 없다. 언제나 갑의 마음으로 여유롭고 느긋하게 꼼꼼히 따져보고 출판사를 선별하면 된다. 원고는 나의 자존심이다. 출판사를 선택하는 건 언제나 저자 바로 당신 자신이다. 자신만의 우선순위를 정해 자신의 선택으로 출판사를 선별하여 계약하도록 하자.

Tip. 참고도서 선별하기

책을 쓸 때는 같은 콘셉트와 같은 장르의 경쟁도서 겸 참고도서가 수십 권이 존재한다. 경쟁이 되고 참고가 되는 도서는 반드시 읽어봐야 하지만 수십, 수백 권이 존재하는 이 책 모두를 읽어본다는 건 아무래도 불가능한 일일 것이다. 그저 가능한 한 많이 읽어보면서 그 책이 왜 인기가 있었는지, 어떤 점이 대중적으로 인기를 끌게 했는지 혹은, 판매 부수가 왜 저조했는지, 무엇이 부족했는지를 파악해야 할 것이다.

그런데 간혹 워낙 장르별로 많은 책이 있다 보니 그런 참고도서를 선별하는 것 자체를 힘들어하는 경우가 종종 있는데 그래서 여기 장르별로 참고할만한 도서를 몇 권씩 추천할까 한다. 하지만 책을 추천했다고 해서 이 책들이 반드시 자신에게 맞는 참고도서는 아닐 수 있음은 명심해야 한다.

책도 자신만의 스타일이 있다. 나에게 큰 영향을 주고, 감동을 준 책이라고 해서 누군가에게도 꼭 같은 영향을 끼치고 감동을 준다고는 할 수 없는 것이다. 같은 영화도 누군가는 재밌어하고, 누군가는 지루해하듯이 말이다. 여기서 거론하는 장르별 참고도서 역시 그저 참고 요소만으로 삼아야 하는 것이지 꼭 자신에게 맞고 좋은 책은 아닐 수도 있다. 그러니 분명히 밝혀두지만 참고만 하길 바란다. 자신에게 맞는 자신만의 참고도서는 자신이 직접 고르길 바란다.

• 종교 참고도서

리차드 포스터, 『영적훈련과 성장』

정영진, 『광야수업』

오스왈드 샌더스, 『하나님의 학교를 졸업한 사람들』

강준민, 『영적 거장의 리더십』

릭위렌, 『하나님의 인생 레슨』

E.M 바운즈, 『기도의 능력』

함석헌, 『뜻으로 본 한국역사』

윌리암 바클레이, 『예수의 사상과 생애』

C.S.루이스, 『고통의 문제』

오스왈드 샌더스, 『영적 지도력』

김진홍, 『고난 뒤에 오는 축복』

찰스 스탠리, 『하나님의 연금술』

이대희, 『성경의 힘으로 꿈을 이룬 대통령 링컨』

강석진, 『오래된 소원』

이찬수, 『보호하심』

• 자기계발 참고도서

네빌 고다드, 『부활』

엠제이 드마코, 『부의 추월차선』

박성배, 『일어나다』

닐 도날드 월슨, 『신과 나눈 이야기』

서상우, 『꿈꾸는 모든 것이 이루어진다』

이지성, 『꿈꾸는 다락방』

론다 번, 『시크릿』

사이토 히토리, 『부자의 운』

나폴레옹 힐, 『놓치고 싶지 않은 나의 꿈, 나의 인생』

서상우, 『내면의 비밀』

잭 캔필드, 『성공의 원리』

차동엽, 『무지개 원리』

• 소설 참고도서

조정래, 『정글만리』

정유정, 『7년의 밤』

애거서 크리스티, 『그리고 아무도 없었다』

파울로 코엘료, 『연금술사』

서상우, 『압둘라와의 일주일』

베르나르 베르베르, 『개미』

무라카미 하루키, 『상실의 시대』

미야베 미유키, 『솔로몬의 위증』

주제 사라마구, 『눈먼 자들의 도시』

김려령, 『우아한 거짓말』

김영하, 『나는 나를 파괴할 권리가 있다』

박경리, 『토지』

파트리크 쥐스킨트, 『향수』

• 역사, 고전 참고도서

박영규, 『한 권으로 읽는 조선왕조실록』

박문국, 『한국사에 대한 거의 모든 지식』

서상우, 『맹자의 인생수업』

KBS 역사저널 그날 제작팀, 『역사저널 그날』

공자, 『논어』

홍자성, 『채근담』

최진기, 『동양 고전의 바다에 빠져라』

장자, 『장자』

정시몬, 『세계사 브런치』

사이토 다카시, 『세계사를 움직인 다섯 가지 힘』

• 인문 참고도서

유시민, 『어떻게 살 것인가』

마이클 샌델, 『정의란 무엇인가』

스티븐 존슨, 『우리는 어떻게 여기까지 왔을까』

서상우, 『두 달 안에 누구나 작가가 되는 책 쓰기 비법』

사이토 다카시, 『내가 공부하는 이유』

안드레아 배럼, 『인문학, 상식에 딴지 걸다』

토마 피케티, 『21세기 자본』

헤르만 헤세, 『독서의 기술』

조윤제, 『내가 고전을 공부하는 이유』

채사장, 『지적 대화를 위한 넓고 얕은 지식』

이지성, 『생각하는 인문학』

위의 장르별 참고도서는 앞서 말했듯이 그저 참고하라고 정리해놓은
것이다. 사람마다 스타일, 성향이 다르듯이 자신에게 잘 맞고, 잘 읽히

는 책은 다 다르다. 그러니 정리해놓은 참고 도서를 기반으로 서점에 가서 직접 자신에게 맞는 책을 골라보도록 하자.

지피지기면 백전백승이라 하지 않았던가? 많이 읽는 자가 많이, 그리고 잘 쓸 수 있다. 많이 읽자. 작가로의 첫걸음은 읽는 것에서부터 시작된다.

제4장

Vision! 크리스천의 책 쓰기 미션

| 박성배·서상우 |

우리가 예수님의 행적을 보고 배우며 닮고 싶어 한다면 우리도 책을 남겨야 한다. 우리의 행적을 기록하고, 자신의 간증을 남겨 자신의 시간이 오랜 시간 책으로 남아 일할 수 있도록 해야 한다. 우리가 예수님을 닮아야 하는 것은 크게 보면 살아있는 동안 순종하며 행하되, 이 땅을 떠나기 전에는 책으로 그 시간을 남겨 죽어서도 많은 사람에게 그것을 전하는 것이다.

책으로 미션을 감당한
선교 지도자들

박성배

1989년, 내가 17명의 동료 선교사와 함께 선교사 파송예배를 드릴 때 설교를 해주신 목사님은 나성영락교회 김계용 목사님이셨다. 사도행전 1:8절을 본문으로 '선교의 증인'이라는 설교를 해주셨다. 그런데 영국과 헝가리에서의 3년간의 오엠 선교 사역을 마치고 귀국하실 때 선교회 총무인 최기만 목사님이 책 한 권을 사인해서 주셨는데 그 책의 주인공은 바로 3년 전 파송예배에서 설교를 해주신 김계용 목사님이셨다. 어찌 된 영문인지 물어봤더니 평생 남하하여 혼자 사시다가 북한을 방문했었는데 그 후 소식이 없다는 것이다. 분명 북한 땅에 들어가셨다가 순교하신 것이 분명했다. 김계용 목사님이 남겨주고 가신 책 한 권은 선교를 몸으로 보여주고 가신 희생적인 지도자의 모습이었다.

김계용 목사님뿐만 아니라 오엠 선교 현장에 나가서 많은 지도자를 만났다. 우선 오엠의 설립자인 조지 버워는 '책으로 미션을 감당하는 지도자'로서 유명하다. 그는 스스로 몇 권의 책을 출간했을 뿐만 아니라, 오엠의 중요 집회에서 말씀을 전할 때면 어김없이 책을 소개하였다. 그래서 그런지 오엠선교회에서 핵심 가치로 가장 중요시 여기는 것 중의 하나가 바로 문서사역이다. 그래서 나는 2014년 오엠 출신 선교사들의 선교 이야기를 한 권의 책으로 기획하여 출간하였다. 흩어져 있던 이야기들을 묶어 한 권의 책으로 출간하니 자연스럽게 오엠 출신 선교사들과 교제가 이루어지고 하여서 책으로 미션을 하는 것이 효과적임을 다시 한 번 느낄 수 있었다.

2000년에는 안식년으로 스위스 로잔에서 여러 명의 한국인 목회자와 여러 나라에서 온 형제자매들과 함께 제자훈련과정(CDTS)에 참여하였다. 그 6개월 동안의 과정을 통해서 또 배우고 깨달은 점은 국제 예수단 설립자 로렌 커닝햄의 책에 대한 열정이었다.

로렌 커닝햄은 여러 권의 책을 썼다. 『네 발의 신을 벗으라』, 『벼랑 끝에 서는 용기』, 『열방을 변화시킨 하나님의 책』 등의 책을 썼다. 로렌 커닝햄은 책으로 선교하는 것일 뿐만 아니라 책이 로렌의 사역을 든든하게 지탱해 주는 것을 보았다. 한국 대학생선교회의 대표인 김준곤 목사님도 『예수 칼럼』을 통해서 미션을 감당하셨다.

이렇듯 책으로 미션을 담당하고 있는 지도자들을 많이 만났다. 공산권에 비밀리에 복음을 전했던 브라더 앤드류(Brother Andrew)는 소련과 북한 땅에 책을 통해서 효과적으로 문서선교 사역을 감당했다. 복음을 철의 장막이었던 동구권과 소련에 전달했던 브라더 앤드류의 책을 통한 미션은 강력한 영향을 주는 것이었다. O.M.F의 설립자인 허드슨 테일러도 많은 책을 남겼지만, O.M.F의 책임자였던 오스왈드 샌더스의 경우도 책으로 하는 미션의 중요성을 깨닫고 40권 이상을 책을 집필하였다.

빌리그래함 목사님의 경우 전 세계를 다니며 가장 많은 영혼들에게 복음을 전했던 지도자일 것이다. 그런데 빌리그래함에게 정말 감사한 것은 그가 책을 많이 남겼다는 것이다. 빌리그래함은 복음 설교로 영향을 끼치는 위대한 지도자였을 뿐만 아니라 책으로 미션의 사명을 감당한 지도자였다.

우리나라에서는 목회자로만 알고 있지만 외국에서는 선교부흥사처럼 인식이 되고 있는 조용기 목사님의 경우도 많은 책을 써서 책으로 선교적 사명을 감당했다. 내가 영국 래스터에 선교사로 사역할 때 가끔 가던 기독서점에는 조용기 목사님의 영문판 책들이 베스트셀러를 장식하곤 했다. 특히 기도에 관한 책인 『Prayer, Key to Rivival』은 정말 영국인들에게 엄청난 영향력을 끼치고 있음을 보았다.

책은 미션을 담당하는 최고의 도구이다. 나는 최근에 공들여 써놓은 책을 출간하고자 다듬고 있다. 『한국인의 시대가 온다』라는 제목의 책인데 역사적, 선교적 관점에서 앞으로 대한민국이 통일되면 남북한이 하나 되어 세계 속에 선교하는 사명이 있음을 쓴 책이다. 그렇게 할 때 하나님이 주시는 선교적 복음을 따라서 대한민국이 세계 속에 우뚝 서

178

는 그러한 통일 대한민국이 될 것을 확신한다. 나의 삶의 영역에서도 책으로 미션의 사명을 감당할 수 있다.

종교개혁의 완성은
책을 쓰면서 이루어졌다

박성배

　종교개혁자 마틴 루터(Martin Luther)는 개혁을 하다가 발트부르크 성에 갇히게 되었다. 그러나 루터는 좌절하지 않고 발트부르크 성에서 성경을 독일어로 번역하였다. 루터가 고난의 때에 발트부르크 성에서 성경을 독일어로 번역한 것이 오히려 종교개혁을 완성하는 계기가 되었다. 루터는 성경을 독일어로 번역한 것뿐만 아니라 여러 책도 저술하였다. 루터는 『시편 강해』, 『로마서 강해』, 『갈라디아서 강해』 등의 책을 써서 종교개혁을 뒷받침하였다. 루터가 쓴 책들은 모두 종교개혁의 사상을 뒷받침하는 책들이 되었다. 그러한 의미에서 종교개혁의 완성은 성경 번역과 책을 쓰면서 이루어졌다.

　종교개혁자 요한 칼빈(John Calvin)의 경우 성경을 차근차근 주해하는 『성경주석』을 썼다. 칼빈은 27세에 사도신경을 토대로 한 『기독교 강요』를 썼고, 평생에 걸쳐서 종교개혁자로서 차근차근 성경을 주석하였다. 2000년 안식년을 맞이하여 스위스 로잔에 있는 칼빈이 목회하던 트리니티 교회를 방문한 적이 있다. 그곳에서 가장 인상적이었던 점은 칼빈의 성경이었다. 칼빈의 성경은 트리니티 교회 앞쪽 유리 상자 안에 보관되어 있었다. 시편 말씀 인가가 펴져 있었는데 칼빈의 성경은 칼빈이 직접 메모를 하고 밑줄을 그은 흔적들이 있었다. 요한 칼빈이 종교개혁을 성공적으로 수행할 수 있었던 힘은 성경의 힘이었다. 그러한 의미에서 요한 칼빈은 성경의 힘을 제대로 발견한 믿음의 사람이었다.

존 칼빈의 성경에 기초한 개혁 사상 실천은 제네바를 하나님의 도시로 만들어 가는 모범을 남겼다. 스위스의 제네바를 처음 방문한 것은 1990년 여름, 함께 선교사로 사역하던 동역자가 제네바로 초대하였을 때였다. 그리고 스위스 제네바를 다시 찾은 것은 스위스 로잔에서 타문화권제자훈련(CDTS)을 받기 위해서 스위스에 머물면서 수차례 방문하게 되었다. 너무나 깨끗하고 아름다운 스위스 곳곳을 보면서 특히 제네바에 있는 종교개혁자들의 상들과 존 칼빈이 설교하던 교회에서 칼빈이 보던 성경을 보면서 많은 감회를 느끼게 되었다. 제네바를 하나님의 도시로 바꾼 믿음의 사람 칼빈의 이야기를 통해서 믿음이 주는 진정한 희망을 발견하게 된다.

국제 예수 전도단 창립자 로렌 커닝햄은 『열방을 변화시키는 하나님의 책』에서 '최악의 도시'를 '최상의 도시'로 변화시킨 존 칼빈에 대해 기록하고 있다. 스위스는 성경이 바꾼 나라의 좋은 예이다. 스위스는 정말 전 국토가 그림처럼 아름다운 나라이다. 그러나 우리가 1530년대의 제네바를 방문한다면 먼저 거리의 악취가 우리를 맞을 것이다. 당시 제네바는 유럽에서 가장 악취가 심한 도시로 알려졌다. 제네바 거리는 무너져가는 성벽과 쓰레기, 인분으로 뒤덮였고, 토사물과 상한 포도주 냄새로 가득 찼다. 주변에 걸어 다니는 사람들을 보면 소지품을 주의해야겠다는 생각이 들 정도였다. 제네바는 범죄자, 정치 난민, 용병, 간첩, 창녀, 빈민들로 넘쳐났다. 중세에는 모든 도시가 가난하고 악취가 심했지만, 제네바는 특히 더 심했다.

그 끔찍했던 도시가 어떻게 이처럼 번영했을까? 범죄와 부패가 만연했던 그곳이 어떻게 국제 외교계의 십자로이자 인도주의 단체와 국제기구의 본부가 밀집한 곳이 되었을까? 교육의 기회조차 주어지지 않던 그곳이 어떻게 전 세계 상류층 자녀들이 유학 가는 곳으로 바뀌었을까? 어떻게 이 작은 도시가 적들이 만나 중요 조약을 체결하는 장소로 바뀌었을까? 어떻게 이 나라와 도시는 지난 3세기 동안 전쟁을 피할 수 있었을까? 우리는 어떤 나라가 잘살고 못사는 이유를 스위스, 특히 존 칼빈에 의해서 이루어진 제네바를 통해서 배울 수 있다.

제네바의 변화는 존 칼빈(John Calvin)에 의해서 시작되었다. 그는 다른 종교개혁가들과 함께 그리스도를 개인적으로 영접하고 구원받아야 한다고 주장했다. 그들은 사람들에게 회개하고 하나님을 믿으라고 설교했다. 그러나 그들은 거기서 멈추지 않았다. 그들은 마을을 돌아다니면서 사람들을 체계적으로 가르쳤고, 설교를 통해 사회를 개혁하기 시작했다. 여러 세기 동안 제네바에서는 교회와 귀족들이 모든 특권을 누렸다. 평민들은 자신의 삶에 대해 결정권이 없었다. 그러나 제네바는 독립하여 도시국가가 되었다. 시민들은 더 이상 교회와 귀족의 지배를 받지 않아도 되었다. 칼빈과 그의 동역자들은 성경을 연구했고, 사람들에게 그것을 가르치기 시작했다. 그들의 목표는 하나님 말씀에 기초한 나라를 세워 유럽의 다른 도시에 모범을 보이는 것이었다.

칼빈은 개인의 책임과 직업이 곧 예배라고 가르쳤다. 과거에 교회는 거룩한 것과 세속적인 것을 구분하면서 교회만이 거룩하고, 따라서 부정한 세속의 일상을 피해야 한다고 가르쳤다. 그런 가르침 때문에 사람들은 세상은 무조건 더러운 곳이고, 깨끗해지려면 주일마다 교회에 가서 '영적인 목욕'을 해야 한다고 생각했다.

그러나 종교개혁자들은 우리가 세계를 하나님의 말씀과 기도로 씻어야 한다고 가르쳤다. 바울이 디모데전서 4:4-5에서 가르쳤듯이, 하나님이 지으신 모든 것이 선하며 버릴 것이 없다. 칼빈과 종교개혁가들은 삶을 거룩한 부분과 세속적인 부분으로 나누지 않고 전체로 묶어서 보았다. 모든 직업은 하나님의 부르심이다. 예배는 주일에만 드리는 것이 아니다. 평일에 성실하게 일하면 이것 또한 주님께 드리는 예배가 된다.(골3:23) 종교개혁가들은 사적인 영역이든 공적인 영역이든 상관없이 삶의 모든 영역에서 하나님을 삶의 주인으로 모셨다. 하나님의 진정한 제자는 그분의 주권 아래서 일상의 삶을 살아간다.

종교개혁가들의 사상은 빠르게 퍼졌다. 칼빈이 주일에 설교를 하면 이는 소책자로 제작되어 유럽 전역에 보급됐다. 그의 설교는 삶의 전 영역을 다루었다. 종교개혁가들은 하나님 중심의 가정에 대해서도 가르쳤다. 제네바 남자들은 가장으로서 모범을 보이지 못했고, 부정직하고 무책임한 술주정뱅이들이었다. 가정의 무질서는 가난과 부도덕을 낳았다. 종교개혁자들은 가정을 돌보고, 술 취하지 말고, 열심히 일하며, 재정적으로 책임을 지고, 십일조를 내고, 미래를 위해 저축해야 한다고 가르쳤다. 시의회는 칼빈의 가르침을 시의 정책으로 받아들였고, 제네바에서 그의 가르침은 법과 같은 권위를 지녔다.

독일의 경제학자 막스 베버는 『프로테스탄티즘의 윤리와 자본주의 정신(The Protestant Ethic and Sprit of Capitalism)』에서 서구국가의 번영은 제네바에서 시작되었으며, 그 결정적인 원인은 칼빈이 제네바에서 전한 가르침이라고 말했다. 칼빈은 하나님 말씀에서 다양한 경제 원리를 찾았다. 그는 은행가에게 고리대금업자처럼 높은 이율을 부과하지 말라고 가르쳤다. 그는 이율을 4%로 제한했는데, 이것은 돈을 빌려주는 사람은 이익을 얻고 빌리는 사람은 이자의 부담 없이 사업을 시작할 수 있는 수준이었다. 칼빈이 정한 4% 이율은 스위스에서 4세기 동안 유지 되었다. 이것은 즉각 경제에 영향을 미쳤고, 제네바와 스위스는 번영하기 시작했다.

결과론적으로 칼빈의 스위스 제네바에서 시작한 말씀의 개혁은 장로교를 시작하는 계기가 되었다. 그리고 우리 대한민국은 가장 많은 장로교회를 가진 나라이다. 존 칼빈의 개혁 정신을 다시 적용한다면 우리 도시와 나라가 새로워질 것이라는 희망을 갖는다. 존 칼빈을 통해서 배우는 한 줄 멘토링은 이것이다.

"성경에 기초한 한 사람의 진정한 변화는 도시를 새롭게 세운다."

루터의 종교개혁이 독일에서, 칼빈의 종교개혁이 스위스에서 결실을 맺어갔다면, 칼빈의 개혁 사상을 이어받아 책을 계속 출간하면서 네덜란드에 정착시켜 간 사람은 아브라함 카이퍼였다. 아브라함 카이퍼 박사(Abraham Kuyper, 1837~1920)는 네덜란드가 배출한 19~20세기 최고의 세계 지도자 중 한사람이다. 그는 목사, 교수, 언론인, 정치가, 사상가로서 칼빈주의 전통을 이어받아 정통적인 기독교 신학을 계승 발전시켰을 뿐 아니라 적극적인 사회참여로 네덜란드를 개혁시킨 실천적인 기독교인이었다. 그는 자유주의가 온 유럽을 휩쓸고 횡횡하던 때에 네덜란드에서 태어나, 오직 하나님만이 이 세상의 유일하고도 완전한 주권자임을 선포하고 만유의 주권자이신 하나님 오직 그 왕을 위하여 일생을 바친 신앙인이었다.

정성구는 『아브라함 카이퍼의 사상과 삶』에서 아브라함 카이퍼를 이렇게 소개하고 있다.

"카이퍼는 그를 비판하는 사람들에게도 열 개의 머리와 백 개의 손을 가진 자라는 칭송을 받았다. 그는 참으로 다방면에서 천재적인 머리를 가졌을 뿐 아니라 칼빈주의의 세계화를 위해서 전 생애를 걸었다. 그리고 카이퍼는 하나님의 영광과 주권을 위해서 불꽃같은 삶을 살았던 작은 거인이었다."

우리는 『수상이 된 목사, 아브라함 카이퍼』의 삶을 통해서 어떻게 다원주의 사회에서 충성스럽게 그리스도를 전할 수 있는지를 배울 수 있다.

19세기 중반의 유럽으로 돌아가서 이 놀라운 인물을 만나보자. 당시 유럽은 대학살을 몰고 온 프랑스 대혁명과 나폴레옹 전쟁의 거대한 소용돌이를 막 지나가고 있었다. 그 어지러운 시기에 두 개의 사상이 등장했으니, 곧 마르크스의 사회주의와 낭만주의 시대의 자유주의 신학이었다. 유럽의 주요 대학은 인간이 스스로 진리를 찾을 수 있고 하나님 없이 문제를 해결할 수 있다고 믿는 합리주의와 인본주의에 빠져들었다. 합리주의와 인본주의는 신학교에도 만연했다. 아브라함 카이퍼가 목회자가 되기로 결심했을 때, 그는 예수는 인간일 뿐이고 성경은 신화의 모음집일 뿐이라고 가르치는 네덜란드의 신학교에 갈 수밖에 없었다. 카이퍼는 신학 공부를 마치고 처음으로 교회에서 사역할 때, 인격적이고 살아계신 하나님에 대한 믿음이 거의 없었다. 그는 평범한 성도들의 신앙이 부러웠다. 결국 그는 같은 교회 교인의 전도로 그리스도를 구주로 영접했다.

카이퍼는 그의 지성과 초인적인 체력을 발휘해서 교회가 성경의 기초로 돌아가야 한다고 주장하기 시작했다. 그는 1867년 위트레흐트에 있는 큰 교회의 목사직을 맡았다. 그는 교회에서 전임사역자로 일하면서 신문에 정치, 종교 칼럼을 썼다. 결국 그는 주간지와 일간지의 편집장으로 40년간 일했다. 그는 교육자이자 학급 교사였고, 정치 활동가였으며, 국회의원이었으며, 나중에 네덜란드의 수상이 되었다. 그는 수상직을 제외한 모든 활동을 수십 년간 계속했다.

카이퍼는 국회의원에 당선된 지 1년 후인 1875년에 완전히 지쳐버렸다. 그는 건강을 회복하기 위해 스위스로 가서 2년간 요양했다. 그는 스위스에 머무는 동안 성경을 연구했고, 그때 하나님은 그에게 매주 중요한 깨달음을 주셨다. 카이퍼는 '영역 주권'(The Sphere of Sovereignty)이라는 개념을 도입했다. 그 개념은 그리스도인이 어떻게 예수님의 주권을 유럽 현대 모든 국가의 영역으로 가져올 수 있는지를 보여주었다. 카이퍼는 존 칼빈의 사상을 연구하면서 하나님은 종교의 범주에 갇혀 주일에만 활동하시는 분이 아니라는 사실을 깨달았다.

하나님은 우리가 주일마다 "나라가 임하시고 뜻이 하늘에서 이룬 것 같이 땅에서도 이루어지이다"라고 기도하듯이, 삶의 모든 영역에서 하나님이 되신다. 예레미야 27:5절은 하나님은 땅과 그에 속한 모든 것을 창조하셨으며, 그분이 원하는 자에게 땅을 주신다고 말한다. 이처럼 하나님은 모든 영역의 주인이시다.

카이퍼는 칼빈의 영향으로 사회 전체가 하나님께 속해있지만, 교회라는 기관이 다른 영역을 다스려서는 안 된다고 주장했다. 카이퍼는 사회를 다섯 가지 영역으로 나누었다.

- 개인영역: 개인은 하나님께 책임을 진다.
- 가정영역: 부모는 자녀의 교육과 훈련에 일차적인 책임이 있다.
- 교회영역: 교회의 업무와 치리를 감독하고 지도한다.
- 정부영역: 타락한 인간의 영향력을 제한하기 위해 '칼'을 차도록 하나님이 명령하신다.
- 사회영역: 동아리, 사업, 모임, 조직 등 자발적으로 생겨난 단체를 말한다.

요양을 마친 후 카이퍼는 네덜란드로 돌아와 전보다 더 활발하게 활동했다. 그는 언론, 정치, 학교, 교회, 가정에 복음의 영향을 미치기 위해 노력했다. 그는 일간지와 주간지 편집자로 복귀했고, 사람들이 성경의 진리를 삶의 모든 영역에 적용하도록 가르쳤다. 그는 정당을 재조직했고, 점차 증가하는 하위 중산층 서민들이 성경의 가르침에 따라 개혁을 진행하도록 활기를 불어넣었다. 1880년 카이퍼는 암스테르담에 기독교학문교육협회라는 대학을 세우고 초대 총장에 취임했다. 그 대학은 예수 그리스도의 주권에 기초한 대학으로, 학생들이 마음뿐 아니라 머리로도 예수님을 사랑하고 그분의 진리를 나라의 모든 영역에 전하도록 교육했다. 네 명의 교수와 다섯 명의 학생으로 시작해서 오늘날 자유대학이라 불리는 세계에서 가장 큰 규모의 대학이 되었다. 많은 네덜란드의 지도자들이 이 대학에서 배출되었다.

카이퍼는 1894년 새로운 열정으로 의회에 돌아가 활발하게 활동했다. 1901년 네덜란드 여왕은 카이퍼에게 수상직을 맡아달라고 요청했다. 그는 취임 연설에서 나라를 기독교 원리에 따라 세울 것을 분명히 밝혔다. 그는 정치인으로 활동하면서 사회를 개혁했고, 가난한 자와 소외된 자, 노동자의 권리를 보호했다.

우리는 아브라함 카이퍼를 통해서 사회의 중요 영역에서 지도력을 발휘한 진정한 지도자를 만난다. 그는 탁월한 언어 능력을 구사했던 보기 드문 연설가요, 문필가였다. 일생동안 그는 무려 223권의 책을 저술하고, 1920년 11월 8일 83세를 일기로 서거하였다.

그는 늘 글을 쓰고 대학을 설립하며 정치를 하면서도 현실에 안주하지 않고 늘 미래를 꿈꾸었던 이상의 사람이었다. 아브라함 카이퍼를 통해서 배우는 한 줄 멘토링은 진정한 한 하나님의 사람은 국가를 믿음 위에 세운다는 사실이다. 그리고 개혁은 책을 저술하면서 하나하나씩 실천돼 갔다는 사실이다.

지금 우리 대한민국과 교회도 루터, 칼빈, 카이퍼의 개혁이 필요한 시점이다. 개혁자들은 성경의 힘을 믿었고, 책의 힘을 믿었다. 꾸준히 성경을 번역하였고, 성경을 강해하였고, 책을 저술하여 개혁을 성취해 갔다. 지금 한국교회와 이민족도 다시 성경의 근본으로 돌아가야 한다. 최근 우리 사회에 이슈가 되고 있는 동성애의 문제는 성경의 거울에 비추어 보면 금방 문제가 많은 법안임을 알 수 있다. 한국교회가 선교 2세기를 맞이하면서, 그리고 앞으로 통일 한국 시대를 이끌어 가려면 어떻게 해야 할까에 대한 해답도 성경에서 찾아야 한다. 그리고 루터, 칼빈, 카이퍼처럼 성경에 기초해서 책을 쓰면서 하나씩 풀어가야 한다. 그러한 의미에서 지금 쓰고 있는 이 책은 크리스천이 어떻게 성경에 기초해서 희망과 개혁의 책을 쓸 수 있는가를 가이드 하는 중요한 지침서가 될 것이다.

좋은 건물보다
좋은 책을 남겨야 한다

박성배

나는 2007년 인천공항 신도시에 교회를 건축하였다. 부천에서 목회하던 나는 인천공항 신도시 입구에 땅을 사서 설계를 하고 건축을 시작하였다. 건축 대금으로 부천에서 목회하던 상가와 살던 전셋집, 그리고 600년 내려오던 선산을 팔아 10억여 원을 들여서 교회를 건축하였다.

건물을 지으면서 어떻게 하던 교회를 짓는 것이니까 최고의 자재로 잘 지으려고 최선을 다했다. 공사를 하다 보니 건축비가 많이 들어서 결국 농협에서 4억을 융자로 빌리게 되었고, 그러다 보니 한 달에 이자로 나가는 돈만 수백만 원이 되었다. 그러나 교회를 짓는 일이기 때문에 최선을 다했고, 결국 8개월의 건축을 마치고 2007년 11월에 입당할 수 있었다.

그런데 입당을 하고 부흥해가던 교회가 빚이 있다는 걸 알게 된 교인들이 빠져나가면서 어려움을 겪게 되었다. 그 과정에서 내 주변 사람들은 다 나를 떠나게 되었고, 결국 건물은 6년 만에 경매로 넘어가게 되고, 나는 파산자가 되어 작은 아파트로 거처를 옮기게 되었다.

그 힘든 시간을 지나면서 나는 인근 도서관에서 시간을 보내며 책을 보게 되었다. 7년 동안 도서관 책 2만5천여 권 중 절반은 본 것 같다. 그리고 책을 통해서 내 마음 근육을 다지고 내공의 힘으로 다시 일어나게 되었다. 물론 매일 아침 일어나면 성경 말씀부터 읽었다. 그리고 그동안의 체험을 책으로 출간했다. 그러면서 값비싼 대가를 치르고 배운 교훈이 있다. 그것은 '건물보다 더 중요한 것은 바로 책'이라는 것이다. 물론 건물이 중요하지 않다는 것은 아니다. 그러나 영원의 가치로 볼 때 건물을 비싼 건축비를 빚내서 지어 건물을 남기는 것보다 영원히 남을 책을 남기는 것이 더 가치가 있다는 점이다.

사실 나는 2007년 교회를 건축하고 박사과정 논문을 마무리하고 있었다. 주제는 사도행전 13장에 나오는 '안디옥교회의 선교'였다. 그래서 건물을 다 지어놓고 입당 전에 터키에 안디옥교회가 있었던 안타키아를 방문하기도 하였다.

그곳에는 내가 기대하던 큰 교회 건물은 없었다. 안디옥교회가 있었던 자리만 있었다. 내가 건물을 짓고 깊이 깨달은 점이 바로 이점이었다. 바울의 경우 에베소교회, 빌립보교회, 안디옥교회 등을 세우고 그가 남긴 것은 건물이 아니라 믿음이고 믿음의 서신들이었다는 점이다. 지금 바울이 목회하던 에베소교회, 빌립보교회, 데살로나가교회는 없지만 그가 남긴 서신은 남아서 우리의 삶과 신앙을 인도해 가고 있다.

좋은 건물보다 좋은 책을 남겨야 한다. 이 주제는 내가 10억이라는 아주 값비싼 수업료를 치르고 인생의 밑바닥에서 배운 교훈이다. 물론 내가 겪은 일이 좀 극단적인 예가 될 수도 있지만 본질은 건물보다 중요한 가치를 위해서 삶을 드려야 한다는 것이다. 하나님은 건물을 짓는 사람보다 그 사람의 믿음이 건축되기를 더 원하신다는 것도 배웠다. 건물은 하나님을 섬기기 위한 공간이면 족하다. 너무 화려하지 않아도 좋다. 우리는 건물보다 믿음을 남겨야 한다. 건물보다 책을 남겨야 한다. 그러한 면에서 나는 값비싼 교훈을 통해서 소중한 것을 깨달았다.

그래서 지금은 바울처럼 책을 남기려고 노력을 하고 있다. 바울의 경우도 감옥에 있으면서 주옥같은 옥중서신을 남겼다. 나 역시 비싼 건물을 짓고 빚이라는 감옥에 갇혀서 도서관에 피난하여 책을 보면서 책의 소중함을 깨닫고 책을 쓰게 되었다. 그래서 이러한 글을 쓰고 있는 것이다. 이렇게 '비싼 건물 지어서 남기기보다는 좋은 글을 남겨야 한다' 는 명제를 이야기하는 것이다.

사무엘 즈웨머는 "책은 우리가 죽은 후에도 남아서 영원토록 일한다"고 했다. 그래서 지금은 시간을 아껴서 글을 쓰려고 한다. 아마 사도 바울도 시간을 아껴서 글을 썼을 것이다. 글을 쓰면서 느끼는 점은 보람이 있고 바른 가치를 느낀다는 점이다. 물론 앞으로 살아가면서 또 건물이 주어질 수도 있다. 그러나 나는 비싼 돈을 들이고 빚을 지면서 좋은 건물을 세우기보다는 좋은 책을 남기는 일에 최선을 다하고 싶다.

그러한 의미에서 보면 전주 안디옥교회 이동휘 목사님이 일찍 성경의 진리를 바로 깨닫고 목회를 하셨다고 여겨진다. 그는 『깡통교회 이야기』에서 "불편하게 살자!"고 강조하고 있다. 지금도 전주 안디옥교회 건물은 깡통교회라고 한다. 건물은 깡통으로 된 건물이지만 비용을 선교에 다 드리는 것으로 알고 있다. 그것이 바로 삶으로 좋은 책을 써가는 가치 있는 목회이고 교회의 할 일이라고 여겨진다. 나는 값비싼 대가를 지불하고서야 그 평범한 진리를 깨달았다. 그러나 이제부터라도 본질에 충실하려고 한다. 건물보다 중요한 것은 사람이고 책이라는 걸 알았다. 이제부터는 이 땅에 사는 날 동안 좋은 책을 많이 남겨서 '책 퍼주는 사람'으로 살고 싶다. 얼마나 멋진 삶인가! 좋은 건물보다는 믿음과 좋은 책을 남겨야 한다.

하나님의 브랜드로
거듭나라

박성배

『1인 기업이 갑이다』를 쓴 윤석일 작가는 이렇게 말한다. 내 브랜드를 확립하는 확실한 방법은 '내 이름으로 된 저서를 갖는 일'이다. 그 이유는 책을 쓰는 과정에서 수많은 책을 보면서 철저히 공부를 하게 되고 책을 쓰는 과정 속에서 자신이 브랜드로 거듭나게 된다고 말한다.

마찬가지로 하나님의 종인 목회자와 선교사도 '하나님의 브랜드로 거듭나는 길은 자신의 이름 석 자가 들어간 저서를 갖는 일'이다. 상담이든, 교육이든, 선교든, 설교든, 자신의 관심 분야를 깊이 연구하고 묵상하여 책을 낸다면 그것이 곧 나 자신을 하나님의 브랜드로 거듭 태어나게 하는 일이 되어서 많은 사람에게 강사로 서고 쓰임 받는 계기가 될 것이다.

책을 쓰는 것이 왜 중요한지에 대해 다시 한 번 정리를 하고자 한다.

1. 책을 쓰면 나 자신에 대한 자존감이 높아진다.

나는 이제 사람들에게 영향을 주는 작가라는 자존감이 생긴다. 내 이름 석 자가 들어간 인쇄된 책을 보면서 스스로 자부심이 생긴다. 박사학위를 갖고도 정립되지 않던 나만의 브랜드가 책을 쓰면서 형성이 된다. 책을 쓰고 나면 내 스스로 나를 인정하게 된다. 나는 작가라는 분명한 자존감이 생긴다. 이것이 책을 쓴 사람이 갖게 되는 최고의 수입이다.

2. 주변 사람의 보는 눈이 달라진다.

내가 개인 저서를 출간한 후 잘 아는 부동산을 방문했다. 상담을 잘 받고 중요한 결정을 한 후에 고마운 마음에 내 책을 선물했다. 커피를 마시는 동안 부동산 대표님은 내 책을 훑어보았다. 그리고 대표님은 곧 "작가님의 책은 너무 좋은 것 같아요. 특히 중고등학생들은 꼭 읽어야 할 필독서로 해야 할 것 같은데요."라고 하는 것이 아닌가. 우선 작가로 불러주는 것이 나쁘지는 않다. 확실히 책을 쓰면 주변 사람들의 인식이 달라진다.

3. 책을 쓰고 나면 강사의 길이 열린다.

내 생애 첫 개인 저서가 출간된 날, 바로 다음 날에 부천의 세향 교회에서 『일어나다』를 주제로 설교를 하였다. 책을 출간한다고 몇 군데 홍보를 했더니, 지인 목사님이 책과 함께 설교를 해달라고 부탁을 한 것이다. 그리고 줄이어 오랜 지인들의 모임인 '새하늘 선교회'와 '라마나욧 선교회'에서 목회자들을 대상으로도 특강이 예정되어 있다. 이렇듯 책을 쓰고 나면 자연스럽게 강사의 길이 열린다.

4. 책을 쓰고 나면 평생 현역으로 살게 되리라는 확신이 든다.

책을 출간하면서 그런 확신이 든다. '이제는 책을 쓰면서 은퇴 걱정 없이 살 수 있겠다'고. 피터 드러커처럼 매년 주제를 정해서 연구하고 책을 쓰고 출간하는 삶을 살면서 평생 현역으로 살아야겠다는 확신을 갖게 된다. 요즘 65세에 조기 은퇴하는 목회자들이 많고, 선교지의 선교사들도 20년 사역 후에는 무엇을 할까 고민하는 사람들이 너무 많다. 그들이 현역에 있을 때부터 책 쓰기를 시작한다면, 은퇴 후에 대해서 걱정할 것 없이 평생 현역으로 살아갈 수 있다.

5. 책을 쓰고 나면 주변 사람들로부터 전문가로 인정을 받게 된다.

나는 대학에서 공학을 전공했고, 연세대 대학원에서 교회역사를 전공했다. 장신대 목회전문대학원에서는 선교학 박사학위를 받았다. 그런데도 전문가 인식이 부족했었다. 그런데 지금 이 책을 쓰면서 책 쓰기에 관한 한 나는 전문가라는 생각이 든다. 이 책을 출간하면서는 크리스천을 대상으로 책 쓰기 강좌를 하려고 한다. 그러고 나면 분명히 나는 책 쓰기에 관한 전문가로 인정을 받게 될 것이다.

6. 책을 쓰고 나면 빛나는 인생 2막이 열린다.

책 쓰기는 단순한 글자 쓰기가 아니다. 책 쓰기는 희망 쓰기이고, 미래의 비전 쓰기이다. 책을 쓰고 나서 빛나는 인생 2막을 열어간 수많은 사람이 있다. 우리가 아는 유명 작가들은 모두 책을 쓰고 빛나는 인생 2막을 열어간 사람들이다. 이 글을 읽는 여러분도 이제는 더 이상 망설이지 말고 내 인생의 이야기를 책으로 써서 나의 브랜드를 '하나님의 브랜드'로 분명히 브랜딩하기를 바란다.

예수님은
성경을 남기셨다

서상우

　우리는 예수님을 만난 적이 없다. 실제로 본 적도, 동시대를 살지도 못했다. 하지만 지금까지 전 세계적으로 수천, 수만 명이 예수님의 행적으로 깨달음을 얻고, 구원을 받고 있다. 예수님의 희생으로 인해 희생의 그 의미를 이해하고, 예수님의 그 사랑 덕분에 우리가 사랑의 존재임을 알고, 그 사랑을 나누며 살 수 있게 되었다. 우리는 이렇게 결코 예수님을 본 적도 만난 적도 없지만 예수님의 위대한 행적을 알고, 그의 가르침대로 살려 노력한다. 본 적도, 만난 적도 없음에도 그를 존경하고 사랑한다. 시간이 흐르면 흐를수록 더 많은 사람이, 더 깊게 말이다.

　어떻게 이런 일이 가능한 것일까? 그것은 바로 예수님의 행적이 성경이란 책으로 기록되어 있기 때문이다. 우리는 그 누구도 예수님을 직접 만난 적도, 직접 본 적도 없지만 성경이란 책을 통해 그분의 행적을 알 수 있고, 성경이란 책을 통해 그분의 말씀, 가르침도 들을 수 있다. 예수님은 육신의 껍데기는 버리셨지만, 성경이란 책을 통해 지금까지 계속 살아계신 것이다. 성경을 통해 행하고 계신 것이다.

예수님은 과연 제자들을 통해 성경이 나올 것을 알지 못하셨을까? 아니, 분명 알고 계셨을 것이다. 자신의 행적이, 자신의 간증이 분명 책으로 나와 이후의 사람들에게 전해질 것을 알고 계셨을 것이다. 그리하여 그 책으로 사람들이 하나님의 자녀임을 알게 하시려 하셨고, 자신이 아닌 그 책이 이제 자신의 역할을 할 것임을 분명 알고 계셨을 것이다.

우리가 예수님의 행적을 보고 배우며 닮고 싶어 한다면 우리도 책을 남겨야 한다. 우리의 행적을 기록하고, 자신의 간증을 남겨 자신의 시간이 오랜 시간 책으로 남아 일할 수 있도록 해야 한다. 우리가 예수님을 닮아야 하는 것은 크게 보면 살아있는 동안 순종하며 행하되, 이 땅을 떠나기 전에는 책으로 그 시간을 남겨 죽어서도 많은 사람에게 그것을 전하는 것이다.

이것은 비단 예수님만의 이야기는 아니다. 역사적으로도 나라, 종교, 문화를 떠나서 어떤 식으로든 기록을 해왔기 때문에 우리는 과거를 알 수 있고, 위인들의 행적을 알 수 있다. 기록이 되어 있지 않았다면 결코 그들의 위대함을 알 수는 없다. 그리고 그 기록의 가장 대표적이고 일반적인 것이 바로 책인 것이다.

일기, 실록, 편지 등 다양하고 보편적인 것으로 글을 남겼고, 글의 묶음인 책으로 남겨져 왔다. 자신들의 시간을, 자신들의 업적을, 자신들의 뜻을 글에 남겼다. 혹은 그들의 시간을, 그들의 업적을, 그들의 뜻을 대신해서 글에 남겼다. 제자들이, 친구들이, 신하들이 그러했다.

오랜 시간, 많은 선각자가 그렇게 해온 것에는 분명 이유가 있을 것이다. 살아있는 동안 이 땅에서 사랑을 실천하고, 떠나기 전에 그 모든 시간을 기록하고 남기는 것이 우리 삶의 가장 마지막 임무이자 의무인 것이다.

그럼에도 자신의 이야기만으로 자신 혼자서 한 권의 책을 쓰기란 여간 쉬운 일은 아닐 수밖에 없는데 글이 아닌 책을 쓰라고 말씀드리면 가장 부담스러워하고 두려워하는 것 중 하나가 바로 책 한 권의 분량이기 때문이다. 한 권의 책만큼 쓸 내용이 없고, 자신이 없어 머뭇거리게 되는 것이다. 이런 사람들이나 혹 지금도 이 책을 읽으면서 한 권의 책을 쓰는 것에 자신이 없는 독자가 있다면 이렇게 한 번 책을 써보라고 권하고 싶다.

그것은 바로 뜻이 맞는 사람들과 함께 공동저서를 집필해보라는 것이다. 공동저서라 그러면 왠지 자신의 책이 아닌 것 같고, 자신의 이름만이 들어간 개인 저서보다 값어치가 떨어진다고 여기시는 분들이 간혹 계신데 결코 그렇지 않다. 현재 세계에서 가장 많이 팔린 책은 무엇인가? 바로 성경책이다. 성경은 개인 저서인가? 제자마다 예수님의 행적을 적은 공동저서이다. 『맹자』는 어떠한가? 제자들이 함께 쓴 공동저서이다.

공동저서라 할지라도 그 뜻이 단합되고, 진실성을 담는다면 그 책은 그 어떤 개인 저서보다 큰 힘을 발휘할 수 있다. 아니 더 큰 시너지효과를 볼 수도 있다. 물론 모두 다른 주제를 띄는 공동저서도 졸서일 수밖에 없다. 하지만 여럿이서 단합이 되어 한 주제를 다른 시각으로 다른 이야기로 풀어낼 수 있다면 그 책은 분명 개인 저서보다 더 큰 전달력을, 더 큰 메시지를 담을 수 있다. 백지장도 맞들면 낫다는 말도 있지 않은가?

여럿이서 책을 쓰면 개인 저서를 집필할 때보다 수월한 점이 많은데 가장 먼저 앞서 거론한 것처럼 한 권 분량을 모두 책임지지 않아도 된다는 점이 가장 크게 작용한다. 참여하는 인원수에 따라 개인별 집필하는 분량의 차이가 나겠지만 참여 인원이 많을수록 집필할 분량은 줄어들게 된다. 개인적으로는 공동저서는 10명이 넘어가지 않는 선이 가장 적합하다고 생각한다. 공동저서는 10명이 참가할 때 써야 하는 분량도 가장 적합하고, 부담되지 않는 선이 된다. 참가인원이 너무 많아져버리면 미처 내가 전달할 내용도 제대로 담지 못할 분량으로 집필을 해야 하기 때문에 책으로서 가져야 할 전달력을 잃게 된다.

그리고 공동저서를 집필할 때 또 좋은 점은 다른 곳에서 굳이 사례를 찾아올 필요가 없다는 점이다. 책을 한 권 집필하려면 해당 주제에 맞는 사례를 넣어야 할 경우가 종종 있는데 공동저서는 참여하는 사람들 모두 자신의 사례만으로 글을 집필하면 되기 때문에 다른 곳에서 사례를 가져올 필요가 전혀 없게 되는 것이다.

게다가 외부에서 가지고 오는 사례는 어디선가 본 적이 있고, 들은 적이 있는 사례지만 공동저서로 들어가는 모든 이들이 자신의 이야기를 사례로 넣는다면 이 공동저서는 그 어디서도 본 적도 들은 적도 없는 유니크한 사례들만으로 채워지는 것이기 때문에 유일무이한 책이 되고, 감동을 담게 되는 것이다.

공동저서로 집필할 때는 이러한 것 말고도 다양한 장점을 띠고 있다. 간혹 자신의 책을 쓰는 것에 부담을 느끼는 분들에게는 공동저서로 집필해보시라고 권해드리면 개인 저서보다 메리트가 없다고 여기시면 반기지 않은 분들이 계신데 결코 그렇지 않다. 물론 개인저서가 공동저서보다 본인의 브랜딩적인 부분에서는 더 좋겠지만, 공동저서도 결코 개인 저서보다 뒤처지지 않는 장점을 분명 갖고 있다.

이러한 장점 때문에 최근에는 공동저서로 책을 낼 수 있도록 하는 출판사가 늘고 있는데 대부분은 이러한 점을 고려하여 집필하게 하고 출간하는 것이 아니라, 오직 상업적인 목적만을 위해 하는 곳도 많으니 공동저서에 참여할 때는 신중을 기할 수 있기를 바란다.

예수님께서 제자들을 통해 공동저서로 성경을 남기셨듯이 우리도 자신의 행적을, 간증을 책으로 기록하여 남겨야 한다. 나 자신만의 이야기로 그렇게 하기가 힘들다면 다른 목회자, 선교사분들과 함께 한뜻으로 함께 집필해도 좋다. 중요한 건 얼마나 남기느냐가 아니라, 무엇을 남기느냐 일테니 말이다.

우리는 살아있는 동안 무엇을 할 것이냐도 중요히 생각해야 하지만,

이 땅을 떠나기 전 무엇을 남길 것이냐를 더 중요히 생각해야 한다. 살아있는 동안 땅을 일구는 것도 중요하지만 떠나기 전 일군 땅에 씨앗을 뿌려 놓아야 그 땅은 풍성해지는 것이다. 일구기만 하고 아무것도 남기지 않고 떠나서는 언제까지는 땅밖에 존재할 수밖에 없다.

살아있는 동안 일군 땅에 떠나기 전 어떤 씨앗을 뿌리고 떠날 것인지를 생각하라. 당신이 어떤 씨앗을 뿌리느냐에 따라 그 땅은 그 어떤 것으로 풍성해질 테니 말이다.

책으로
전 세계를 누벼라

서상우

  우리는 다양한 곳으로 선교 활동을 하러 간다. 아시아, 유럽뿐만 아니라 나라 이름조차 생소한 곳으로 가기도 한다. 하지만 그럼에도 선교를 하러 가야 할 곳은 끝이 없다. 하지만 우리가 살아있는 동안 선교를 위해 갈 수 있는 나라는 한계가 있다. 우리가 살아있는 동안 선교를 위해 갈 수 있는 나라가 몇 곳 정도나 되겠는가?

  한 나라에 선교를 위해 가면 보통 최소 몇 년의 시간을 필요로 하니 많아 봐야 살아있는 동안 오로지 선교만을 위해 살아간다 하더라도 많아 봐야 10개국 안팎일 것이다. 한 나라를 간다 하더라도 그 나라의 구석구석을 선교하고 오려면 한평생을 바쳐야 할 정도이다. 영화나 소설에서나 볼 수 있는 분신술이라도 쓰지 않는 한 살아있는 동안 수십 군데의 나라, 또 그 나라 구석구석까지 가서 선교하는 것은 사실상 불가능한 일인 것이다.

  하지만 살아있으면서, 아니 죽어서도 수십 군데의 나라와 나라 구석구석까지 선교를 할 수 있는 방법이 있는데 그것이 바로 책이다. 현재 성경은 세계에서 가장 많이 판매된 책이다. 전 세계, 각 나라의 어느 곳에 가도 성경을 찾아볼 수 있을 정도이다. 각 나라의 언어로 번역되어 누구나 대부분 손쉽게 가까운 곳에서 찾을 수 있다. 교회나 도서관은 물론 가정집, 학교, 병원 심지어 교도소에도 성경은 쉽게 찾아볼 수 있다.

성경은 선교나 전도를 할 때도 가장 유용하게 쓰이는데 선교나 전도를 할 때 가장 많이, 가장 먼저 하는 일이 바로 성경책을 선물하는 것이 아니겠는가? 세계에서 가장 위대하고, 세계에서 가장 많이 선교를 한 것은 성경인 것이다. 지금까지 배출된 목회자, 선교자보다 성경이 더 많은 사람에게 은혜를 주었고, 하나님의 품으로 인도한 것은 그 누구도 부정하지 못할 것이다.

책은 자신의 분신이다. 자신의 책이 처음 나올 때 보통 초판을 1,000부에서 2,000부를 찍는데 초판을 2,000부를 찍어냈다면 자신의 분신 2,000개가 생겼다고 생각하면 된다. 지금까지 당신이 어딘가의 누군가를 만나 선교를 하고 전도를 했다면, 당신의 책이 출간됨과 동시에 2,000부의 책이 어딘가의 누군가를 당신이 만나고 있을 때 다른 어딘가의 누군가에게 읽히면서 당신의 일을 하는 것이다.

게다가 당신이 책을 출간하면 물 건너, 다리 건너 당신이 가지 못하는 곳까지 당신의 책은 일을 하기 위해 가기도 하는데 당신이 책을 쓰고 그 책이 출간되면 저작물 관련 에이전시에서 당신의 책을 검토해본다. 그리고 그 책이 타국에서도 관심을 끌 만한 책이라도 판단되면 출판사 쪽으로 연락을 취하게 되고, 그러한 연락을 받은 출판사는 원작자인 당신에게 연락을 해 해외 판권을 에이전시에 팔 것인지를 물어본다. 당신이 조건에 동의하여 판권을 팔게 되면 계약서에 명시된 판권료를 받게 되고, 당신의 책은 해외에서 출간되게 된다.

이런 식으로 해외로 판권을 팔게 되면 당신의 책은 그 나라 언어로 번역되어 출간하게 되고, 출간된 그 책은 해당 나라에서 읽히게 되는 것이다. 당신이 그 나라에 가지 않아도, 가본 적이 없어도 당신의 가르침이나 이념이 전해지게 되는 것이고, 영향을 끼치게 되는 것이다. 지금 우리가 손쉽게 세계 거장들의 책을 읽고, 해외 작가들의 책을 볼 수 있는 것처럼 당신의 책도 해외에서 그렇게 읽히는 것이다.

각 나라에 판권을 팔면 팔수록, 책을 더 출간하면 할수록 당신의 분신들은 늘어나게 되는 것이고, 더 많이 더 멀리서 당신의 일을 대신할 것이다. 그리고 당신의 생각과 이념은 세계 구석구석에서 전해져 당신의 가르침에 영향을 받을 것이고, 당신은 세계 곳곳에 영향을 끼치게 되는 것이다. 그렇게 당신이 한국에 있어도 세계 어디에도 있게 되는 것이다. 전 세계를 누비게 되는 것이다.

책은 또 다른 자신이다. 자신의 이념을 담은 정신적인 물체이다. 책은 당신을 대변하며 당신을 대신해 일한다. 당신을 대신해 하나님을 전할 것이고, 하나님의 곁으로 인도할 것이다. 당신이 하나님의 뜻에 따라 그 무엇을 하고 있고, 어디서 해야 하든 책은 그 뜻을 더 크게 이룰 수 있게 할 것이다.

특별한 무언가를 적어야 하는 것은 절대 아니다. 하나님을 만나기 전의 나는 어떠했으며, 어떻게 만났으며 만나고 나서 어떻게 바뀌었는지 그리고 어떤 식으로 쓰이길 바라는지만 써도 그 이야기를 누군가에게 감동과 영향을 줄 것이다. 당신의 간증이 바로 누군가에게는 성경처럼 이끌림의 시발점이 되는 것이다.

결국은 책을 써야 한다. 계속 기·승·전·결이 아닌 기·승·전·책·임을 말하고 있다. 이 책의 처음부터 지금까지 왜 책을 써야 하는지에 대해서 말해왔다. 그들이 왜 책을 썼는지, 왜 우리가 지금 책을 써야 한다고 말하는지에 대해 계속 말해왔고, 어떻게 써야 하는지도 말해왔다. 설사 당신이 지금 이 책의 모든 것을 시큰둥하게 여겨도 상관없다. 그럼에도 한번 써보라. 그래서 우리가 지금까지 말해왔던 모든 것을 반박해도 좋다. 반박을 위해 책을 쓴 당신은 책을 쓰고 나서 반박할 것들이 사라질 것임을 알고 있으니 말이다.

더 이상 주저할 필요도 고민할 필요도 없다. 책은 우리의 임무이자 의무다. 책으로 가지 못하는 곳까지 가야 하고, 책으로 만나지 못하던 사람들을 만나야 한다. 하나님은 이 땅을 이리 아름답고 넓게 만드셨다. 그리고 이렇게 많은 사람을 창조하셨다. 이렇게 창조하신 것이 결코 한 부분에서 특정 사람들만 만나 어울려 살라는 의도는 아닐 것이다. 더 멀리, 더 넓은 곳에서 더 많은 더 다양한 사람들과 함께하라는 뜻일 것이다.

나의 육체로는 한계가 있다. 하지만 나의 책은 그 한계를 넘어선다. 책으로 전 세계를 누벼라. 책으로 전 세계에 하나님을 알려라. 전 세계를 가서 직접 보고 들을 수는 없지만, 전 세계에 가서 보여주고 들려줄 수는 있다.

지금 당장 책을 써라. 그리고 그 책을 전 세계로 보내라. 나는 한계가 있지만 나를 통해 행하시는 것에 한계는 없다. 이제 나는 갈 수 없지만 나를 통해 못 가시는 곳이 없는 그 위대한 업적을 직접 확인하라.

오직 믿음으로 써라

서상우

1965년 7월 31일, 잉글랜드의 한 작은 마을인 예이트에서 한 여자아이가 태어났다. 그녀는 어릴 때부터 유난히 책을 좋아했고, 종종 자신이 지어낸 이야기를 하는 것을 좋아했다. 초등학교 시절 때부터 취미 삼아 이런저런 글을 적는 것을 좋아했지만 그녀가 대학을 졸업하고 얼마 되지 않아 어머니가 세상을 떠나면서 큰 슬픔에 빠지게 되었다. 그 후로 포르투갈에서 영어학교의 교사로 일하면서 3살 연하의 남편을 만나 결혼을 하게 됐고 딸도 낳으며 행복한 가정을 꾸려 나갔다. 하지만 행복한 가정생활도 얼마 지나지 않아 성격 차이로 인해 별거를 하게 되고 만다.

결국 딸을 데리고 영국으로 돌아간 그녀는 주위의 도움으로 겨우 정착을 하기 시작했고, 남편과도 이혼 절차를 밟아가기 시작했다. 무직의 상태인 그녀는 정부 보조금을 받으며 겨우 육아와 생계를 이어갈 수 있을 정도였으며 이러한 상황에 그녀는 점점 더 절망감에 빠지게 된다.

하지만 그런 과정에서도 그녀는 교사 자격 인증 석사 학위 과정을 밟

았고, 틈틈이 소설을 집필했다. 그녀는 종종 유모차를 끌고 나와 집 근처의 카페에서 원고를 썼는데 카페 안의 모두가 여유롭게 커피를 마시며 담소를 나눌 때, 그녀는 필사적으로 생계를 위해 소설을 쓰고 또 썼다.

그녀가 쓰고 있던 소설은 그녀가 기차를 타고 갈 때 우연히 받은 영감으로 시작되었는데 5년간의 집필 끝에 겨우 첫 권의 원고를 완성시킬 수 있었다. 천신만고 끝에 완성시킨 원고를 들고 블룸즈버리라는 출판사와 겨우 계약을 맺는데 성공했지만 초판으로 겨우 500부만을 출간하는 조건이었다. 블룸즈버리 출판사 관계자는 출판 계약을 맺으면서도 아동도서로 많은 돈을 벌 순 없을 것이라고 그녀에게 말했다.

하지만 시간이 지나면서 그녀의 책은 사람들 사이에서 입소문을 타기 시작했고, 몇 년 뒤 미국에서 이 책을 눈여겨보던 출판사 한 곳이 그녀에게 연락이 와 선인세 10만 달러(약 1억 원)로 출판 계약을 맺기에 이르렀다. 그 이후 그녀의 책은 전 세계적으로 불타나게 팔리기 시작했고, 그녀의 책은 세계적인 베스트셀러가 되어 67개국의 언어로 번역되어 4억 권 이상 판매되었다. 이 기록은 성경 다음으로 많이 팔린 책이라는 명예를 안겨 주었다.

이 책의 주인공인 그녀의 이름은 조앤 K. 롤링이고, 그녀가 쓴 책은 바로 우리가 너무나 잘 알고 있는 『해리포터』이다. 그녀는 하버드 대학교 졸업식 축사에게 이렇게 말하기도 했다.

"제가 여러분들 나이에 가장 두려워했던 것은 가난이 아니라 실패였습니다. 여러분이 젊고 유능하며 고등교육을 받았기 때문에 어려움이나 고통을 모른다고 생각하지는 않습니다. 하지만 여러분이 하버드 졸업생이라는 사실은 곧 실패에 익숙하지 않다는 뜻이기도 합니다. 성공에 대한 열망만큼이나 실패할지도 모른다는 두려움이 앞으로의 여러분의 행동을 좌우하겠지요.

대학 졸업 후 저는 7년 동안 엄청난 실패를 겪어야 했습니다. 결혼에 실패하고, 무직에 싱글맘으로 가난에 허덕여야 했지요. 누가 봐도 전 실패한 사람이었습니다. 저는 정말 힘들었고, 그 긴 터널이 언제 끝날지 알 수조차 없었습니다.

그러나 그 긴 시간 동안 저는 실패의 미덕을 배웠습니다. 실패가 제 삶에서 불필요한 것들을 제거해준 것입니다. 비록 밑바닥 인생일지언정 저는 여전히 살아있었고, 사랑하는 딸이 있었고, 낡은 타자기와 엄청난 아이디어가 있었습니다. 저는 모든 에너지를 가장 중요한 일에 쏟아내려 했습니다. 가장 밑바닥이 인생을 바로 세울 수 있는 기반이 되어준 것입니다.

여러분은 제가 겪은 만큼의 큰 실패를 하지 않을 거라 믿습니다. 하지만 살아가다 보면 몇 번의 실패는 결코 피할 수 없습니다. 또 실패 없이는 자신이 진정 누구인지, 누가 진실한 친구인지도 알 수 없습니다. 이 두 가지를 아는 것이야말로 가장 큰 자산인 것입니다.

삶에는 성공보다 더 많은 실패와 상처들이 존재합니다. 그러나 실패가 두려워 아무것도 하지 않는다면 시작하자마자 패배한 것이나 다름

없습니다. 인생은 성공한 일을 적어놓는 목록이 아닙니다. 이것을 알게 되면 여러분은 분명 행복할 수 있을 것입니다.

세상을 바꾸는 데 마법은 필요하지 않습니다. 그 힘은 이미 우리 내면에 존재하고 있습니다. 우리에게는 더 나은 세상을 상상할 수 있는 힘이 있습니다."

그녀는 절망 속에서도 믿음을 잃지 않았다. 매 순간 포기하고 싶고, 내려놓고 싶은 순간에도 끝내 책을 썼다. 오직 믿음 하나로 말이다. 책을 써본 사람은 안다. 원고가 1년, 2년이 지나가도 끝나지 않으면 이 원고에 대한 자신감도, 의욕도 사라진다는 것을 말이다. 하지만 그녀는 5년의 시간에 걸쳐 원고를 완성시켰다.

아동도서는 잘 팔리지 않을 거란 출판사에 말에도 포기하지 않았다. 그리고 500부로 시작한 그녀의 책은 이제 전 세계에 5억 권 가까운 판매량을 이어가고 있다. 이것은 믿음이 있었기 때문이다. 영감을 주신 것에는 분명 뜻이 있을 거라고, 이 책으로 분명 일어나게 될 것을 알았고 믿었기 때문이다. 그런 믿음이 없이는 결코 그 오랜 시간을 포기하지 않고 끝내 할 수는 없을 것이다.

나는 책 쓰기 강의를 할 때면 자주 이런 말을 한다.

"저는 책 목차를 정할 때는 반드시 기도와 명상을 가진 뒤 진행합니다. 목차가 영감을 받아 한 번에 나오면 그 책의 집필은 쉬워집니다. 하지만 억지로 짜내서 정한 목차는 집필 속도도 부진합니다. 쓰기 힘들다는 소리죠. 마치 작곡가가 영감을 받아 몇 분 만에 한 곡을 만들어 내듯이 저도 목차를 정할 때는 꼭 그런 영감을 받아서 합니다."

무엇을 써야 할지, 잘 쓸 수 있을지, 다 쓸 수 있을지를 염려하지 마라. 목차를 영감 받아 짜듯 원고도 쓰다 보면 내가 아닌 하나님께서 다 이끌어 주시고 영감을 주신다. 그렇게 한 권의 원고를 다 쓰고, 그 원고를 다시 읽어보면 깜짝 놀라기도 한다. '내가 이런 말을 썼다니, 이런 생각을 할 수 있었다니……' 하며 말이다.

당신이 지금 이 책을 손에 쥐고 이 책의 마지막까지 읽고 있는 것은 결코 우연이 아니다. 이 책이 당신에게 온 것은 필요로 인해 온 것이고, 이 책을 당신이 읽고 있는 것은 하나님의 이끄심에 의한 것이다. 이제 당신의 이야기를 기록하고, 그 기록으로 당신의 시간을 이 땅에 남기라는 뜻이다.

언제나 그랬듯 두려움은 믿음으로 이겨내라. 모든 것은 당신이 생각지도 못했던 방식으로 이루어질 것이다. 이 책이 그랬듯, 당신의 책도 그리 만들어질 것이다. 당신으로, 당신의 책으로 이 땅에 보여주시고, 전해주실 것이다.

우리는 죽지만
책은 남아서 일한다

서상우

"호랑이는 죽어서 가죽을 남기지만,

사람은 죽어서 이름을 남긴다."

누구나 한 번쯤은 들어본 말이다. 하지만 누구나가 이렇게 이름을 남기고 떠나진 못한다. 돈이 많다고 하더라도, 어떤 업적을 남겼다 하더라도 이름을 남기고 떠나긴 여간 쉽지 않다. 하지만 책을 쓴다면 말은 달라진다.

우리가 죽어서 이름을 남기는 가장 쉽고 빠른 길은 바로 책을 남기는 일이다. 책을 쓰는 일은 아마 죽어서 이름을 남긴다는 말에 가장 적합한 말일 것이다. 말 그대로 작가 자신은 죽지만 책은 작가의 이름과 함께 남아서 여전히 일을 하고 있으니 말이다. 사람은 죽지만 책은 죽지 않는다.

작가는 죽어도 작가의 책은 살아있다. 책은 작가가 사망 뒤에도 즉,

사후 70년까지 저작권이 보장되어 있다. 작가가 세상을 떠났다 하더라도 70년 동안은 작가의 이름으로 세상에 남아 많은 사람에게 영향을 주고, 감동을 준다는 것이다. 마치 나의 분신처럼 말이다.

이것을 좀 더 현실적으로 본다면 만약 자신이 살아있는 동안 많은 책을 출간하면 할수록 이 책 자체가 남은 가족이나 자녀들에게 유산이 되기도 함을 의미하기도 한다. 사후 70년까지 저작권이 보장받으니 이 저작권에 대한 것은 남은 가족들의 몫이 될 것임으로 사후 책으로 인한 수익금은 남은 가족들이 받을 수 있게 되는 것이다.

이것에 대한 좋은 예가 하나 있는데 바로 우리가 잘 알고 있는 영화 〈반지의 제왕〉에 대한 이야기이다. 우리가 잘 알 듯이 영화 반지의 제왕은 전 세계적으로 큰 흥행을 하며, 흔히 말하는 대박신화를 써냈다. 그리고 그만큼의 수익도 많이 낼 수 있었다.

이 대박 영화 반지의 제왕의 원작은 J.R.R. 톨킨의 〈반지 전쟁〉이다. 〈반지 전쟁〉은 현 판타지 소설의 초석이라 할 수 있는 작품인데 안타깝게도 이 소설은 원작자가 살아있는 당시에는 그리 큰 인기를 얻지 못했다. 판타지 소설을 좋아하는 사람들에게나 공공연하게 알려져 왔을 뿐이었다. 그랬기에 영화 제작사 쪽에서 원작자의 가족들에게 찾아가 영화로 제작할 수 있도록 판권을 팔라고 제의했을 때 가족들은 저렴한 금액을 받고 판권을 넘겨버렸다.

결국 이 소설이 〈반지의 제왕〉이라는 제목과 함께 3부작으로 영화화되어 제작되었고, 세상에 그 모습을 드러내자 반응은 생각보다 훨씬 더 뜨거웠다. 전 세계적으로 큰 흥행과 사랑을 받았으며 그로 인한 수익금 또한 가히 어마어마했다. 하지만 그럼에도 판권을 이미 싸게 넘긴 유족들은 아무런 수익도 내지 못했다. 실로 땅을 치며 후회했을 것이다.

이와 같은 사례는 주의를 둘러보면 생각보다 쉽게 찾아볼 수 있다. 작가가 살아 있을 당시에는 큰 사랑을 받지 못하다가 작가가 세상을 떠나고 나서 시대의 흐름이나 어떠한 사건으로 인해 그 작품이 인정받고 사랑받는 경우를 말이다. 비단 책에서뿐만 아니라 미술 쪽이나 음악 쪽에서도 이러한 경우는 쉽게 찾아볼 수 있다.

우리의 시간은 유한하다. 영원히 존재할 수 없다. 하지만 책은 영원히 남아 일하는 것도 가능하다. 우리의 존재가 이 땅에서 사라지면 누군가의 기억 또는 기록으로 인해서만 우리가 존재했다는 것을 증명할 수 있다. 하지만 기억은 오래가지 않는다. 1년, 10년, 100년이 지나면 우리를 기억하는 존재는 손에 꼽을 정도일 것이다.

하지만 기록은 다르다. 보존될 수 있다면 언제까지도 존재를 증명할 수 있는 자료가 되어 준다. 우리가 역사를 이해하고 존재했음을 오래전 기록한 문헌으로 확인할 수 있듯이 말이다. 오래전부터 책은 그래서 기록되어 왔고, 지금까지 기록되어지고 있다. 그렇기에 책은 특별한 누군가가 써야 하는 특별한 것이 아니라, 누구나 쓰고 남겨야 하는 필수적인 요소인 것이다.

이 땅에서 허락된 육체, 시간, 능력으로 기록을 남겨야 한다. 내가 살아온 시간만큼, 내가 죽고 나서도 나를 대신해 일을 할 수 있도록 말이다. 세상의 수많은 선각자나 저명하신 분들 역시 자신의 일대기나 활약상을 책 혹은 글로 기록하여 전해지고 있다. 만약 그들의 행적이나 어록이 기록되지 않았다면 우리는 과연 그들의 이름조차 제대로 알 수 있었을까?

그들의 기록은, 우리의 기록은 누군가를 통해 읽히고, 전해지고 영향을 끼친다. 그리고 그 영향으로 인해 누군가는 더 성숙되고 현명한 생각과 판단을 하게 되고, 그 생각과 판단은 주변 사람을, 크게는 세상을 바꾸는 원동력이 되기도 한다. 역사서가 그러했고, 종교서가 그러했다. 이것은 부정할 수 없는 진실이다.

살아있는 동안 누군가에게 영향을 끼치고 가르치던 일을 당신이 세상을 떠나는 순간 당신의 모든 생각과 이념을 담은 책이 대신 그 일을 할 것이다. 어쩌면 당신이 살아있는 동안 영향을 끼쳤던 사람들보다 더 많은 사람에게 영향을 끼칠 수도 있다. 당신의 사명을 책이 뜻을 이어 이수하는 것이다.

책은 단순한 보고서가 아니다. 단순한 일지도 아니다. 책은 시간의 기록이자, 생각의 산물이다. 책은 작가의 정신이 물체화 된 것이다. 우리가 육신이라는 그릇에 정신을 집어넣어 움직이듯, 책은 작가의 정신은 넣어 그 정신을 전달하는 그릇인 것이다.

자신의 시간을, 자신의 정신을 책으로 기록하여 남기는 것은 의무적으로 여겨야 한다. 나를 드러내기 위함이 아니라, 하나님께서 주신 시간 동안 내가 무엇을 했고, 무엇을 깨달았는지를 남기는 것은 의무적인 것이다. 그 기록으로 나 다음의 사람들은 더 우수하고, 한 걸음 더 나아갈 수 있도록 해야 하는 것이다.

다음 세대가 더 높여지고, 더 넓어지고, 더 하나님과 가까워져 자유로울 수 있도록 책으로 거름이 되어주어야 한다. 지금의 우리가 역사 기록을 보고 공부하면서 실수를 거듭하지 않으려 하듯이, 나의 책이 그들은 같은 실수를 범하지 않게 하는 지침이 되어주어야 하는 것이다.

책을 써서 세상에 자신의 존재를 알려라. 세상에 자신의 이름을 남겨라. 세상에는 나와 비슷한 삶을 살아온 사람도 많고, 나와 같은 이름을 가진 사람도 많다. 하지만 나의 이름으로 나의 시간을 살아오고, 그 시간 동안 깨달은 것을 품은 사람은 오직 나 자신밖에 없다. 그러니 살아있는 동안 내가 쓸 수 있고, 출간할 수 있는 책은 세상에 오직 나 자신밖에 없다. 나 자신이 아니면 결코 남길 수 없는 기록이자 메시지인 것이다.

그 책으로 독보적인 자신의 존재를 세상에 알려라. 세상에 남겨라. 그 책으로 나라는 사람의 시간을 세상에 남겨라. 그저 같은 이름의 여러 명 중 한 명으로 만족해선 안 된다. 자신의 이름과 자신의 시간을 유일한 기록으로 남겨 죽어서도 세상에 내 이름으로 일할 수 있도록 해라.

자신의 책을 출간하면 가능하다. 단 한 권의 책이라 할지라도 그렇게 할 수 있다. 충분히 가능하다. 그저 그 자리에서만 최선을 다한다면 당신이 죽고 난 뒤 당신을 기억하는 사람은 금방 없어질 것이다. 하지만 내가 그 자리에 있든 없든 사람들이 나의 이름을 부르고, 나의 메시지를 기억하고 공부할 때 당신은 죽어서도 살아서 일하는 존재가 되는 것이다.

빈손으로 태어났다고 빈손으로 돌아가지 마라. 당신이 돌아갈 때의 당신 손에는 당신의 책이 쥐어져 있어야 한다. 자신의 책을 쥐어 들고 나의 시간을 그들에게 알려라. 나의 시간 동안 깨달은 것들을 남들에게 전해주어라. 나는 그들과 같은 '서상우'이지만 그들과는 다른 유일한 '서상우'였음을 남겨라. 바로 당신의 책으로 말이다.

우리의 인생 자체가 베스트셀러다

나는 오랜 시간 투병생활을 했다. 그 과정에서 죽을 고비도 넘기고, 인간다운 삶을 영위할 수 없던 시간도 있었다. 사람에 배신당하고, 사랑을 잃었다. 모든 것이 엉망이었다. 최악에서도 최악을 맞이하고 있었다. 그것도 아주 어린 나이에 말이다.

하지만 기적은 서서히 그리고 예상치 못하게 나를 찾아왔다. 죽음을 결심한 순간 살아있는 기적을 행하시고 서서히 낫게 하셨다. 어느덧 다시 걷게 하셨고, 다시 살아갈 수 있게 해주셨다.

어느 여름 수련회 날, 나는 가슴 깊이 물으며 기도를 올렸다. '왜 내가 그렇게 힘들었어야 했냐고, 왜 나를 혼자 내버려뒀었냐고!' 따지듯 묻고 또 물었다. 화가 치밀어 올랐고, 원망스러웠다. 그렇게 몇 시간을 기도했을까? 너무 화를 내 지쳐 있을 무렵 잔잔히 음성이 들려왔다.

"나는 언제나 네 곁에 있었느니라."

딱 그 말 한마디였다. 하지만 그 말을 듣는 순간 지금까지의 과정이 주마등처럼 스쳐 지나가면서 모든 것이 이해가 되었다. 눈물이 흘렀다. 단 한 번도 혼자인 적이 없었던 사실에 가슴이 복받쳐 올랐다. 나는 그 순간 진정한 의미로 자유로울 수 있었다.

우리의 삶은 이처럼 언제나 혼자가 아니고, 별 볼 일 없는 것이 아니다. 언제나 하나님께서 함께 하시고 있기 때문이다. "책으로 써도 될까? 책에 쓸 내용이 없어." 라고 하는 말들은 오히려 하나님을 욕보이게 하는 말이다. 당신의 생명은 하나님께서 주셨고, 당신의 매 순간순간마다 하나님은 함께하시고 계신다. 그런데 그 시간이 책으로 쓸 내용이 아니고, 써도 될 내용이라니……

우리의 시간은 한 사람, 한 사람 모두 베스트셀러 그 자체다. 그 시간에서 희로애락을 겪고, 울고 웃고 웃으며 살아왔다. 행복하기만 한 적도 없으며, 그렇다고 불행하기만 한 적도 없다. 모두가 하나님의 자녀로 그렇게 살아왔다. 그 시간의 이야기가 베스트셀러가 아니면 무엇이 베스트셀러감이란 말인가?

우리네 이야기가, 당신의 이야기가 누군가를 움직이고, 누군가에게 희망을 줄 것이다. 그 이야기 안에는 하나님이 계시니 말이다. 두려워할 건 아무것도 없다. 하나님과 함께하고 있는데 무엇이 두렵단 말인가? 믿음으로 당신의 시간을 기록하라. 당신의 이야기를 써라. 당신의 이야기가 바로 베스트셀러인 것이다.

서상우

책 쓰기 미션 센터

책 쓰기 미션 센터는 『크리스천을 위한 책 쓰기 미션』을 함께 쓴 박성배 작가와 서상우 작가가 운영하고 있는 미션 센터입니다.

책 쓰기 미션 센터에서는 책이나 글로 하나님의 일을 하려는 크리스천을 위해 크리스천 책 쓰기, 글쓰기에 관한 교재로 강의를 하고 있습니다.

책과 글로 하나님의 일을 하려는 크리스천이나 은혜로운 말씀을 함께 나누고 싶은 크리스천은 '책 쓰기 미션 센터' 로 찾아오시기 바랍니다.

찾아오시는 방법

스마트폰 어플 '밴드' 에서 '책 쓰기 미션 센터' 를 검색하여 찾아오시면 됩니다.

이보다 더 쉽게 '책 쓰기 미션 센터' 를 찾을 수 있는 방법은 아래의 연락처나 이메일 주소로 연락해주시면 됩니다.

● 박성배 작가
  Phone: 010-5354-8932
  E-mail: samuel-pk@hanmail.net

● 서상우 작가
  Phone: 010-2231-2308
  E-mail: saria129@naver.com